삶을 풍요롭게 하는 교육

사회정서역량을 높이는 공감과 소통의 대화

삶을 풍요롭게 하는 교육
Life-Enriching Education

제1판 1쇄 발행 2009년 8월 10일
개정판 3쇄 발행 2020년 1월 13일
개정2판 1쇄 발행 2025년 4월 10일

지은이 마셜 B. 로젠버그
옮긴이 캐서린 한
펴낸이 캐서린 한
펴낸곳 한국NVC출판사
편집장 김일수
마케팅 권순민, 고원열, 구름산책
인 쇄 천광인쇄사
용 지 페이퍼프라이스
출판등록 제312-2008-000011호 (2008. 4. 4)
주 소 (03035) 서울시 종로구 자하문로 17길 12-9(옥인동) 2층
전 화 (02) 3142-5586 | **팩스** (02) 325-5587
홈페이지 www.krnvcbooks.com **인스타그램** kr_nvc_book
블로그 blog.naver.com/krnvcbook **유튜브** youtube.com/@nvc
페이스북 facebook.com/krnvc **이메일** book@krnvc.org

ISBN 979-11-85121-59-8 03370

* 책값은 뒤표지에 있습니다.
* 잘못된 책은 구입하신 서점에서 바꾸어 드립니다.

Life-Enriching Education Copyright ⓒ 2003 by Marshall B. Rosenberg, Ph. D.
Korean Translation Copyright ⓒ 2009 by Katherine Hahn Singer.
이 책의 한국어판은 한국NVC센터에서 저작권자의 허락을 얻어 출판했습니다.
이 책의 일부나 전부를 상업적으로 이용하고자 하는 분은 한국NVC센터로 연락하시기 바랍니다.

마셜 B. 로젠버그 지음
캐서린 한 옮김

삶을
풍요롭게 하는
교육

감사의 말

30여 년 전, 존경하는 빌 페이지Bill Page는 교사와 학생의 공동 작업에 내가 얼마나 깊은 관심을 갖고 있는지를 명료하게 알 수 있게 해 주었다. 그런 기회를 준 그에게 감사한다.

또한 일리노이 주 락포드의 학교 관리자 조앤 앤더슨JoAnne Anderson과 톰 샤힌Tom Shaheen에게도 감사한다. 그들은 1960년대 후반, 내 가치관에 맞는 학교를 세우는 일에 동참할 기회를 주었다.

이런 경험뿐 아니라 존 홀트John Holt, 이반 일리치Ivan Illich, 존 가토John Gatto, 알피 콘Alfie Kohn의 저서를 통해 교육 정책에 대해 깊이 있게 알 수 있었으며, 그 덕분에 교육을 근본적으로 변화시키는 데 기여하고자 하는 나의 열망을 키울 수 있었다. 이런 맥락에서 최근에는, 공동 협력과 지배 체제의 교육에 관한 라이앤 아이슬러Riane Eisler의 저서에서 영향을 받고 있다.

또한 동료인 이스라엘의 미리 샤피로Miri Shapiro, 세르비아의 나다 이그냐토비치Nada Ignjatovic, 이탈리아의 빌마 코스테티Vilma Costetti 그리고 미국의 리타 헤어조그Rita Herzog에게도 감사한다. 그들은 지배 체제를 가르치는 학교가 삶을 풍요롭게 하는 학습 기회를 제공하는 학교로 탈바꿈할 수 있다는 것을 분명히 보여 주고 있다.

마지막으로 캐시 스미스Kathy Smith와 게리 배런Gary Baran에게서 받은 도움에 깊은 고마움을 표한다. 그들은 내가 집필한 책을 편집해 주었고, 나의 대학교식 어투를 읽기 쉬운 말로 바꾸어 주었다.

차례

감사의 말 04
서문_ 라이앤 아이슬러 10
저자 서문_ 마셜 B. 로젠버그 16
추천사 21

제1장 삶을 풍요롭게 하는 교육을 위해

들어가며 29
삶을 풍요롭게 하는 조직 30
삶을 풍요롭게 하는 교육 32
변화가 필요한 교육 체계 33

●교육 현장에서의 NVC 운동장 같이 사용하기 35

제2장 삶을 풍요롭게 하는 메시지 표현하기

학생들을 준비시키기 43
도덕주의적 판단이 학습에 미치는 영향 45
가치 판단을 사용하는 수행 평가 48
비폭력대화의 구성 요소 49
평가하지 않고 명확하게 관찰하기 50

느낌을 확인하고 표현하기 58
느낌을 표현하지 않을 때 생길 수 있는 위험 65
느낌을 욕구에 연결하기 66
삶을 더 멋지게 만들어 줄 '부탁하기' 73
부탁과 강요 구별하기 76
과정이 곧 목표다 81
우리가 무슨 말을 하건 강요로 들릴 수 있다 82

- ●〈연습 문제 1〉 관찰인가, 평가인가? 55
- ●〈연습 문제 2〉 느낌 표현하기 62
- ●〈연습 문제 3〉 욕구 의식하기 70
- ●〈연습 문제 4〉 부탁 표현하기 78

- ●교육 현장에서의 NVC 모두가 재미있기 87

제3장 공감으로 듣기

공감 95
들은 대로 다시 말해 주기 97
부탁을 귀 기울여 듣기 100
공감으로 연결하기 101
사람들이 자신을 표현하는 법을 모르거나
표현하지 않으려 할 때 그들과 공감으로 연결하기 106

- ●〈연습 문제 5〉 공감으로 듣기와 공감 아닌 것으로 듣기 구별하기 112

제4장 교사와 학생 사이에 협력 관계 만들기

목표와 평가 기준을 설정하는 단계에서의 협력 119
삶을 풍요롭게 만들기 위한 목표들 120
학생에게는 항상 선택권이 있다 122
학생이 목표 설정에 참여하는 것에 대한 교사들의 우려 124
상호 합의로 목표를 설정한 사례 126
"싫어요!" 뒤에 있는 욕구 듣기 128
학습에서 가장 중요한 부분 136
학생이 목표 설정 과정에 참여하는 것에 대한 학생들의 두려움 137
평가에서의 협력 관계 139
책임은 "예스!", 성적은 "노!" 144

- ●〈연습 문제 6〉 "싫어요!" 뒤에 있는 욕구 듣기 132

- ● 교육 현장에서의 NVC 시험 149

제5장 상호 의존하는 학습 공동체 만들기

세속 윤리 159
상호 의존하는 학습 공동체 발전시키기 161
교사는 여행사 직원 163
혼자 힘으로 공부할 수 있도록 도와주는 자료들 165
학습 자료 만들기에 학생과 학부모 활용하기 166
개인별 지도 자원 활동 168
학습 자원으로서의 지역 공동체 169
활동 중인 여행사 직원 169

제6장 **학교를 탈바꿈시키기**

당면한 문제들 177
지배 체제 178
갈등 해결 180
중재 190
도덕주의적 판단과 진단 피하기 200
보호를 위해 사용하는 힘 204
후원 팀 만들기 211
우리 학교 탈바꿈시키기 216

●〈연습 문제 7〉 '보호를 위한 힘' 대 '처벌을 위한 힘' 207

● 교육 현장에서의 NVC "너, 죽었어!" 193

관련 도서 목록 217

부록 **스카프넥 자유학교에서 배운다** 231

서문

오늘날 많은 사람들이 교육의 근본적 변화가 필요하다는 점에 공감하고 있다. 현재의 교육 시스템으로는 우리 아이들이 21세기의 새로운 도전에 능동적으로 대처할 수 없기 때문이다. 따라서 현재와 미래의 아이들이 평화롭고 행복한 세상에서 더 나은 삶을 살 수 있도록 진정한 교육 개혁이 반드시 이루어져야 한다는 것을 우리는 잘 알고 있다.

마셜 로젠버그는 삶을 풍요롭게 하는 교육의 핵심 요소들을 이 책에서 기술하고 있다. 그는 아이들이 창조적이고 유연하며 모험을 즐기는 삶을 살아갈 수 있도록 배우고, 가족뿐 아니라 인류 전체와도 공감할 수 있도록 준비하는 교육을 지향하고 있다.

삶을 풍요롭게 하는 것, 즉 우리의 마음과 가슴 그리고 정신을 확장하는 것이 교육의 목적이어야 한다. 그런데 불행하게도 전통적인 교육은 인간의 마음과 가슴과 정신을 확장시키기보다는 오히려 짓누르는 경우가 더 많다. 이런 교육은 배움에서 생겨나는 자연스러운 호기심과 기쁨을 방해하고, 탐구심과 비판적인 생각을 억눌러 왔으며, 남을 배려하지 않는 마음과 폭력을 불러일으키는 행동의 모델이 되었다.

"매를 아끼면 아이를 망친다."라는 오래된 격언이 있지만, 오늘날 대부분의 서구 학교에서는 아이들에게 더는 폭력을 사용하지 않는다. 하지만 학교는 상부에서 하달되는 명령에 전혀 의문을 제기하지 않고 복종하는 사람을 양산하도록 고안된 교수법을 여전히 사용하고 있다. 이 교수법에 익숙해진 사람은 학교에서는 교사로부터, 일터에서는 상사로부터, 정부에서는 통치자로부터 내려오는 명령에 복종하도록 길러진다.

교과 과정 또한 폭력과 지배 체제를 드러내고 있다. 더 나아가 이것이 정상이며 바람직한 것이라고 말한다. 특히 학생들이 전쟁과 전투의 연대를 외우는 역사 수업이 그렇고, 폭력적인 정복을 남자답고 영웅적이라며 미화한 서사시를 가르치는 문학 수업이 그렇다. 학교의 구조 자체가 학생들과 함께하는 것이 아니라 학생들에게 무엇을 가르쳤는가를 척도로 삼고 있으며, 이런 교육은 아이들을 일등부터 꼴등까지 등급을 매겨 서열화하고 있다.

나는 이런 유형의 교육 과정·내용··구조를 '지배 체제 사회'—두려움과 힘에 의한 엄격한 서열로 조직된 가족, 일터, 국가 등—라고 부른다. 그것은 공평하고 민주적이며 평화적인 사회, 즉 내가 말하는 협력 모델과 로젠버그 박사가 말하는 삶을 풍요롭게 하는 사회에는 적합한 교육이 아니다.

지배 체제 모델로부터 벗어나려는 움직임은 세계의 몇몇 지역에서 이미 있어 왔다. 그러나 자유로운 사고와 말하기의 역사는 그리 오래되지 않았다. 이런 움직임이 없었다면, 지금 우리가 교육의 근본적인 변화에 대해 이야기도 꺼내지 못할 것이다. 유럽의 중세기 동안이 그러했고, 오늘날에도 많은 곳에서는 여전히 그렇다.

그러나 진보적인 움직임이 순조롭게만 발전해 온 것은 아니다. 한 걸음 떼어 놓을 때마다 격렬한 저항을 받고 중단되어 지배 체제로 퇴행하고는 했다. 21세기인 지금도 우리는 전 세계적으로 지배 체제로의 퇴행을 경험하고 있다. 불평등과 폭력, 인간과 환경에 대한 착취를 그 어느 때보다도 많이 경험하고 있는 것이다. 이런 이유에서 로젠버그의 비폭력대화를 교육 분야에 활용하는 것은 중요하고 시급한 일이며 더는 미룰 수가 없다.

마셜 로젠버그는 세계적으로 알려진 비폭력 갈등 해결의 선구자이다. 그는 40년 동안, 비폭력대화를 한 사람 한 사람이 공감하고 배려하는 관계를 위한 도구로 발전시키고 실제에 적용하는 데 자신의 삶을 바쳤다. 그는 학교에서 비폭력대화를 사용하는 방법을 이 책에서 보여 준다. 그는 또 함께 공부하고, 비폭력대화로 갈등을 해결하며, 공감하고 배려하는 방식으로 자신과 타인의 행복에 기여할 수 있도록 젊은 사람들을 준비시키는 데 이 방법이 어떤 역할을 하는지도 보여 준다.

로젠버그의 가장 주목할 만한 업적은 배려와 공감, 비폭력이다. 이러한 특징은 지배 체제에 적응된 문화권에서는 사회적 지배권에서 배제된 사람들, 즉 여성과 '여성성'을 가진 남성 같은 사람들에게나 속하는 것으로 치부된다. 로젠버그는 남자아이들과 여자아이들 모두가 이러한 교육을 받아야 한다는 것을 정확하게 인식하고 있으며, 어떻게 하면 효과적이고 검증된 교육 방법을 통해 젊은이들이 함께 공부하면서 협력 관계를 경험할 수 있는지 그 방법을 보여 준다.

이것은 모든 아이들에게 중요한 경험이다. 로젠버그 박사가 이 책에서 말하고 있는 삶을 풍요롭게 하는 협력 관계를 경험하면 아이들은 건강하게 자랄 것이다. 가정이나 이웃 혹은 국가에서, 세상에는 오직 '지배하거나 지배받거나 둘 중 하나'라는 선택만 있다고 배운 아이들에게는 특히 더 중요하다. 아이들이 이러한 협력 관계를 경험하면 모든 사람을 위해 훨씬 더 효과적인 또 다른 대안이 있다는 것을 알게 된다.

학생과 교사가 동료로서 관계를 맺는 학교, 즉 로젠버그의 비폭력적이고 삶을 풍요롭게 하는 교육을 실천하는 학교는 등급을 매기는 비인간적인 공장이 아니라 학습을 위한 공동체이다. 젊은이들은 이러한 학교를 탐사하는 장소, 느낌과 아이디어를 공유하는 장소, 아이들 하나하나가 인정받고 소중히 여겨지며 인간의 정신이 길러지고 성장하는 안전하고 가슴 설레게 하는 장소로 인식하게 된다.

아울러 젊은이들이 상호 존중과 배려에 바탕을 둔 관계를 경험할 기회를 줄 때, 우리는 그들의 행복과 배움, 개인적인 성장만 증진시키는 것이 아니라 덜 폭력적이고 더 공평하며 배려하는 사회, 참된 민주 사회로 전환되도록 지원하게 된다.

핵무기와 생화학무기를 보유하고 있는 이 시대에 인류는 진화론적인 기로에 서 있다. 현재 지배 체제에 순응하고 있는 인간관계는 배려와 공감이 결여되어 있고 폭력이 만성화되어 있다. 지금의 과학기술 발달 수

준에서 이런 인간관계는 우리의 생존 자체를 위협하고 있다.

그 기로의 한쪽에는 집안에서, 학교에서, 종교 체제에서, 경제 구조에서 그리고 정치적으로 한층 더 완고한 지배 체제로 되돌아가는 길이 있으며, 다른 한쪽에는 더 공평하고 덜 폭력적이며 더 많이 배려하는 공동 협력의 미래로 가는 길이 있다.

이 중 협력을 향한 움직임은 지난 몇 세기 동안 단계적으로 확대되고 있다. 부분적으로는 초기 농경 사회에서 산업 사회로 바뀌어 가는 과정에서 수반된 기술적인 변화로 인해 관습과 제도가 흔들리기 시작했기 때문이다. 오늘날 산업 사회에서 후기 기술·산업 사회로의 급격한 변화가 깊게 뿌리박힌 신념과 제도들을 동요시키면서 긍정적인 변화 가능성을 한층 가속시키고 있다. 그러나 교육은 이러한 움직임을 촉진하기는커녕 방해할 때가 더 많다.

우리의 미래에 대한 가장 근본적인 의문은 교육이 어떤 종류의 문화를 지향하고 있는가이다. 즉 '삶을 풍요롭게 하는 협력과 평화를 위한 교육인가?' 아니면 '지배 체제와 폭력의 문화를 전하는 교육인가?'이다.

나는 엄마이자 할머니로서 공동 협력을 지향하는 교육으로 세계의 모든 나라가 변화를 서둘러야 한다는 긴박함을 느낀다. 그러나 내 삶의 경험과 학문 연구를 통해 볼 때, 근본적인 변화를 이루어 내기가 결코 쉽지 않다는 것을 잘 알고 있다. 그러나 실제로 그런 변화는 이미 일어났다. 변화가 일어나지 않았다면 우리는 모두, 즉 모든 여성과 대부분의 남성은 지배 체제의 가혹한 계층 질서 안에서 '자기 분수를 아는' 세상에 계속 살고 있을 것이다. 우리가 함께 일하면, 배려하고 공감하면서 창조할 수 있는 훌륭한 능력을 발휘하는 인간의 최고 잠재 가능성이 실현되는 것을 억제하지 않고 지원하는 문화를 창조할 수 있다. 마셜 로젠버그가 오랫동안 해 온 선구적인 업적에서 나온 이 책은, 이러한 시급한 과제를 진척시키는 방향으로 교육이 탈바꿈되도록 도와줄 것이다.

2003년 6월 25일

라이앤 아이슬러 Rian Eisler

(『성배와 칼』, *Tomorrow's Children, The Power of Partnership*의 저자)

저자서문

우리의 공교육은 오랫동안 어떤 과목들이 학생들에게 도움이 될까 하는 문제에만 지나치게 치중해 왔다. 그러나 삶을 풍요롭게 하는 교육은 교사와 학생의 관계, 학생들 간의 관계, 그리고 학생과 교과목의 관계는 학생이 자신의 미래를 준비하는 데 동등하게 중요하다는 것을 전제로 하고 있다.

아이들에게는 읽기나 쓰기, 수학의 기본 학습도 중요하지만 그보다 훨씬 더 필요한 것이 있다. 스스로 생각하는 방법, 자신이 배우는 것에서 의미를 찾아내는 방법, 그리고 함께 일하고 살아가는 방법을 배우는 것 등이다. 이 책을 통해 교사와 학교 관리자·부모들은 대화하는 방식, 교실에서 자율성과 상호 의존성을 발전시키도록 지원하는 학습 환경을 만들어 주는 방식을 배울 것이며, 그에 따라 삶을 풍요롭게 하는 교육을 성장시킬 것이다. 또한 교사는 학생들이 앞으로 물려받을 세상에서 풍요로운 삶을 살아가도록 준비시키는 데 이런 기술의 도움을 받을 것이다.

국내 학교에서의 나의 활동

나는 유치원에서 대학원에 이르기까지 공·사립학교의 교사 및 관리자들과 40년 동안 함께 일하고 있다. 이 기간 동안 나는 '삶을 풍요롭게 하는 교육'이라고 부르는 이 교육 과정을 그들의 프로그램에 접목하는 것을 도와 왔다.

1960년대 초, 나는 세인트루이스에서 개인 심리 상담소를 운영하면서 많은 학교와 일하기 시작했다. 내 도움이 필요해서 찾아오는 사람들 중에는 학습과 행동 면에서 학교 당국이 바라는 것과는 다른 모습을 보여 문제가 되는 아이들의 부모가 많았다. 특히 아이들을 위하여 학교 구성원들과 함께 일하면서, 학교의 구조 자체가 대다수 교사와 학생에게 고통을 안겨 준다는 사실을 알게 되었다. 학교에서 조장하는 경쟁심 때문에 학생들이 서로 보살펴 주는 관계를 맺지 못하는 것이었다.

교직원이 문제 되는 경우는 거의 없었다. 학교에서 몇 년간 일하면서, 나는 함께 일했던 대다수의 교사와 관리자에게서 깊은 인상을 받았다. 그들이 학생들에게 보여 준 배려와, 학생들의 삶을 풍요롭게 해 줄 학습 기회를 제공하기 위해 지속적으로 노력하는 모습에 큰 감동을 받았다. 그런가 하면, 교육 구조 때문에 학생들만큼이나 비인간적으로 되어 가는 교사와 관리자도 보았다.

이 과정에서 교육 체계들이 나의 가치관과 너무나 맞지 않는다는 사실을 점차 확인하게 되면서 대안적인 교육 구조를 찾아 나서게 되었다. 그리고 나의 비폭력대화 워크숍에 참가했던 교사 빌 페이지Bill Page와 함께 다른 수업 방법을 모색했다. 교사가 학생과 동료로서 관계를 맺고, 경쟁 대신 협력을 증진시키도록 고안된 프로그램으로 수업을 진행하는 방식이었다.

빌의 학교 당국은 그가 새로운 방식으로 정규 수업을 이끌어 가는 것을 좋아하지 않았다. 그러나 '문제 학생' 또는 '비행 학생'이라는 꼬리표가 붙은 학생들, 그리고 그 어떤 방법을 사용해도 학교 공부에 관심을 보이지 않는 학생들과 함께 원하는 수업을 해 보라고 마지못해 허락했다. 우리는 문제 학생과 공부에 흥미를 못 느끼는 학생 60명을 찾아낸 다음, 그중 30명을 무작위로 뽑아 빌의 반에 배치하고 나머지 30명은 그대로 정규 학급에서 수업을 받게 했다. 그 결과 학년 말에 치른 학력고사에서 빌의 반 학생들이 정규 학급의 학생들보다 학업 성취도가 훨씬 더 좋았음을 알 수 있었다. 그리고 그들이 정규 학급으로 돌아갔을 때, 그 반에 그대로 남아 있던 학생들에 비해 그 후 4년 동안 문제를 훨씬 덜 일으켰다.

대안적인 교수법을 찾고자 했던 나의 모색은 또한 일리노이 주 락포드의 교육장인 톰 샤힌Tom Shaheen과 함께 일할 기회를 얻으면서 촉진되었다. 그는 나와 같은 꿈을 가지고 있었다. 그와 조앤 앤더슨JoAnne Anderson 교장은 다양성·자율성·상호 의존을 존중하도록 가르치는 학교 제도를 만드는 일을 추진하고 있었다. 나는 교사들을 훈련시켜 달라는 부탁을 받고 이 과감한 프로젝트에 참여했다. 이 계획의 일환으로 선정된 첫 번째 학교에서 학업 성취도는 높아졌고, 학교 폭력도 눈에 띄게 줄어들었다. 이 프로그램은 이러한 공적을 인정받아 국가로부터 교육 분야의 우수상을 받기도 하였다.

　이 무렵 존슨 행정부가 '빈곤과의 전쟁'을 발표했다. 이 프로그램은 빈민 지역 학교들이 혁신적인 프로그램을 만들어 내도록 지원했고, 나는 미국 전역의 도시에서 몇몇 프로그램에 참여해 달라는 초청을 받았다.

전 세계에 삶을 풍요롭게 하는 교육 제공하기

　그때부터 나는 다양성과 자율성, 상호 의존을 존중하도록 지원하는 프로그램을 개발하는 데 관심을 가지고 있는 학교 시스템을 돕는 일을, 미국뿐 아니라 몇몇 다른 나라에서도 정규적으로 계속해 오고 있다.

　몇 년 전, 이스라엘의 한 학교 교장인 미리 샤피로Miri Shapiro는 내가 돕고 있는 학교 프로그램에 대해 듣고, 자기 학교에도 삶을 풍요롭게 하는 교육 프로그램을 만들 수 있도록 지원해 달라며 나를 초청했다. 미리의 학교가 성공을 거두자, 유럽연합은 이스라엘의 다른 4개 학교와 팔레스타인 자치지구 안의 4개 학교 발전을 위한 프로그램에 자금을 지원했다. 이 학교들 역시 성공을 거두어 미리는 전국교내폭력방지위원회 위원장으로 지명되었다. 그녀는 지금 이스라엘 400여 개의 학교에서 관리자·교사·학부모 그리고 학생들에게 이 프로그램을 확산시키고 있다.

　그뿐 아니라 삶을 풍요롭게 하는 교육을 제공하면서 유럽연합의 지원을 받은 학교들이 이탈리아와 세르비아에서도 설립되었다.

이 책에서 지원하고자 하는 교육의 가치를 이해하는 데 도움이 되도록 각 장은 다음과 같이 구성되었다.

- 삶을 풍요롭게 하는 교육을 지원하는 방식으로 자신을 표현하는 기술
- 삶을 풍요롭게 하는 교육을 지원하는 방식으로 다른 사람들과 공감하는 기술
- 학생·교사·관리자·학부모 간에 삶을 풍요롭게 하는 공동 협력 관계를 만들어 내는 방법
- 사람들이 서로의 행복에 기여해 삶을 풍요롭게 하는 학습 공동체를 만들어 내는 방법
- 학교 안에서 삶을 풍요롭게 하는 질서와 안전을 유지하는 방법
- 삶을 풍요롭게 하는 학교에 대한 나의 꿈, 그리고 변화를 시작하는 법

스위스, 라이골드스빌에서
마셜 B. 로젠버그

(추천사)

삶을 풍요롭게 하는 교육이 가능할까?

창조적이고 유연하며 모험을 즐기는 삶을 살 수 있도록 아이들을 가르치는 교육이 가능할까?

마셜 로젠버그 박사는 비폭력대화를 교육 분야에 적용함으로써 바로 그와 같은 교육의 가능성을 인류 앞에 활짝 열어 놓았다.

학생과 교사가 친구가 되고 파트너가 되는 학교, 아이들 하나하나가 인정받고 소중히 여겨지는 가운데 인간의 정신이 길러지고 성숙하는, 안전하고 가슴 설레게 하는 장소가 학교가 되는 그런 교육으로 우리를 인도한다.

이 책은 교육 문제로 마음 아파해 온 학부모들과 교사들과 학생들 모두에게 기쁜 소식이 아닐 수 없다.

박성준
(길담서원 대표)

(추천사)

아니, '삶을 풍요롭게 하는 교육'이라니?

책 제목만 들어도 가슴이 뭉클해진다. 일등만이 살아남는 경쟁 교육, 사각의 링 같은 교육 현실에서 살아가는 우리 아이들에게 진정 삶이 행복해지는 교육이 가능한가라는 목마른 물음을 던지게 되고, 마치 깊은 산속을 헤매다 달콤한 샘물을 발견한 지친 여행자 같은 기쁨을 느끼게 된다.

새벽부터 늦은 밤까지 최선을 다해 공부하는 대다수의 아이들을 패배자로 몰아가는 경쟁과 효율의 교육에서 벗어나 이제 상호 협력과 배려를 배우게 되고, 이렇게 존중받고 이해받는 아이들이 훨씬 행복하며, 게다가 비폭력대화를 익히며 공감과 연민을 터득한 아이들이 더욱 창의적이고 훌륭한 학습 능력까지 갖추게 된다는 사실을 알게 될 것이다. 그리고 또 다른 획기적인 수월성 교육서가 출간되었다는 것에 모든 이가 반가워할 일이다. 로젠버그는 이 책의 전반부에서 비폭력대화의 기본적인 의미와 방식을 전달해 주고 있다. 단순히 대화의 기술을 익히는 정도가 아니라 내가 비폭력의 사람으로 바뀜에 따라 실제로 단절된 관계가 변화하고 소통의 기쁨을 누리는 일상의 혁명을 경험하게 됨을 알려 준다. 우리는 대화만 하면 서로 오해하고 상처 주고 결국은 갈라서게 되는 불행의 대화 기술만 풍부히 갖고 있지 않은가. 존중받고 충분히 치유되는 유대 관계를 간절히 원하고 있다면 이제 진심으로 비폭력 대화를 받아들여야 할 것이다. 후반부에서는 교사들이나 부모들에게는 어두운 밤을 밝혀 주는 등잔불처럼 너무나 소중한, 모든 교육 현장에서 적용될 수 있는 비폭력대화 교육의 원리들을 제시해 주고 있다. 특히 억압적이고 획일적인 우리 교육 현실에서 교사와 아이들이 서로 소통하고 배움을 주고받는 관계로 변화할 때 진정한 우애의 학습 공동체가 형성될 수 있음을 구체적으로 설명해 주고 있다.

공부하는 기계가 아닌 공감받고 배려받는 주체로서 아이들이 우뚝 설 때 아이들뿐 아니라 교사들도 함께 배우고 성장하게 된다. 이렇게 '공부하는 것이 재미있을 수 있구나' 하는 배움의 기쁨을 지닌 아이들이 이 땅에 과연 몇이나 존재할까? 상호 협력과 상호 의존의 학습을 통한 참교육을 이루기 위해서 우리는 이 책을 붙들고 오래도록 씨름해야 한다.

삶을 풍요롭게 하는 교육을 위하여 우리는 좋은 샘물을 선물받았고, 매우 감사할 따름이다. 이제 이 샘물을 가지고 어떻게 사용하느냐 하는 것, 밥을 짓고 생수를 나누어 마시는 것은 우리 각자의 몫이다. 어떤 이는 늙어 가지만 어떤 이는 젊음을 쌓아 간다. 내 안의 갈등을 비폭력 평화의 대화로 해결하고 소통하면서 행복하게 살아가고자 하는 이들에게 이 책이 소중한 지침이 되었으면 한다.

양희창
(제천 간디학교 전 교장)

...
당신께 상기시켜 드리고 싶습니다.
정보는 지식이 아니며,
지식은 지혜가 아니며,
지혜는 선견지명이 아니라는 것을.
이 모두는
서로에게서 나와서 자라고
우리는 그것들 모두가 필요합니다.

−아서 C. 클라크

제1장

삶을 풍요롭게 하는 교육을 위해

내가 마음속에 그리고 있는 교육을 받은 학생들은 자신의 자율성과 다른 사람과의 상호 의존성을 똑같이 소중히 여기도록 배울 것이며, 자신이 몸담고 살아가는 삶을 풍요롭게 하는 체계를 만들어 가는 기술을 배울 것이다.

들어가며

나는 교육의 미래에 대한 꿈을 여러분과 나누고 싶다. 그래서 이 책에서는 독단적 명령과 권위에 봉사하는 교육이 아니라 삶 자체에 도움이 되는 교육 과정에 대해 이야기하려고 한다. 이처럼 큰 꿈을 품게 되면 권위에 복종하는 것이 더는 중요한 목표가 아닌 세상에서 살게 될 것이다. 시작에 앞서 우리의 꿈, 즉 궁극적인 목표가 무엇인지 알아 둘 필요가 있다. 삶을 풍요롭게 하는 구조에 의해 키워지고 뒷받침되는 세상—이것이 나의 꿈이자 다른 많은 사람들이 마음속에 품고 있는 목표라고 생각한다.

인간의 욕구를 충족시키는 것, 즉 자신을 위해 그리고 서로를 위해 좀 더 멋진 세상을 만드는 것을 목표로 하는 구조, 이런 새로운 구조를 창조할 수 있도록 현재와 미래 세대의 아이들을 가르치고 싶다.

나는 이 목표를 달성할 수 있는 교육 과정을 '삶을 풍요롭게 하는 교육'이라고 부르고, 그 반대를 '지배 체제 교육'이라고 부른다.

삶을 풍요롭게 하는 조직

삶을 풍요롭게 하는 조직의 특징은 자원과 특권이 공정하고 동등하게 분배되는 것이다. 이 조직에서는 지도적 지위에 있는 사람이 구성원을 통제하지 않고 그들을 위해 일한다. 법, 규칙 및 규율의 성격은 합의에 의해 규정되고 모두에게 분명히 이해된다. 그래서 누구나 기꺼이 따르게 된다.

삶을 풍요롭게 하는 조직은 가족이든 학교나 기업 또는 정부 기관이든 간에 공동체나 조직에서 각 개인의 행복을 소중히 여기고, 집단 구성원 사이의 유대 관계를 지원한다.

삶을 풍요롭게 하는 유대 관계의 세 가지 특징
① 사람들은 각자의 느낌과 욕구에 서로 공감한다. 그리고 공감을 방해하는 판단을 하지 않는다. 판단은 자신이나 상대가 잘못되었다는 생각을 암시하는 표현을 말한다.
② 사람들은 자신들의 관계가 본래 상호 의존적이라는 것을 잘 알고 있다. 그리고 타인의 욕구 충족을 자신의 욕구 충족만큼이나 소중히 여긴다. 즉 다른 누군가를 희생해서 자신의 욕구를 충족시

	지배 체제 조직	삶을 풍요롭게 하는 조직
목표	• 누가 옳고 그른가를 입증한다. • 자신이 원하는 것을 획득하는 것만이 중요하다. • 권위에 복종한다.	• 삶을 더 멋지게 만든다. • 모든 사람의 욕구를 충족시킨다. • 자신 및 타인과 공감한다.
동기	• 처벌, 보상, 죄책감, 수치심, 책임감, 의무감	• 타인의 행복에 기여하기 • 타인에게서 기꺼이 받기
평가	• 꼬리표 달기 • 판단	• 무엇이 인간의 욕구를 채워 주며, 무엇이 그렇지 않은가? • 무엇이 나와 다른 사람의 삶을 더 멋지게 만들어 주는가?

킬 수 없다는 것을 알고 있다.

③ 사람들은 삶을 풍요롭게 만들겠다는 단 하나의 의도로 자신과 서로를 돌본다. 즉 죄책감, 수치심, 의무감, 책임감, 처벌에 대한 두려움, 외적인 보상에 대한 희망과 같은 강제적인 방식을 쓰지 않으며, 그것들이 동기가 되지도 않는다.

꿈과 악몽 비교하기

삶을 풍요롭게 하는 조직에 대한 나의 꿈을 설명하는 가장 좋은 방법은 지배 체제 조직이라는 악몽과 비교해 보는 것이다.

삶을 풍요롭게 하는 조직에서는 자신이 원하는 것을 얻을 때 타인의 욕구를 절대 희생시키지 않는다. 타인의 욕구를 희생해서 원하는 것을 얻는 식으로는 자신의 모든 욕구를 충족시킬 수가 없다.

삶을 풍요롭게 하는 조직의 목표는 훨씬 더 아름답다. 다른 사람을 비난하지 않으면서 자신의 욕구를 표현하고, 아무도 포기하거나 양보하지 않으면서 존중하는 마음으로 다른 사람의 욕구에 귀 기울이는 것이다. 그래서 모든 사람의 욕구를 충족함으로써 질적인 유대관계를 형성한다.

삶을 풍요롭게 하는 교육

내가 마음속에 그리고 있는 교육을 받은 학생들은 자신의 자율성과 다른 사람과의 상호 의존성을 똑같이 소중히 여기도록 배울 것이며, 자신이 몸담고 살아가는 삶을 풍요롭게 하는 체계를 만들어 가는 기술을 배울 것이다.

삶을 풍요롭게 하는 학교에서 관찰하게 될 것
① 교사와 학생이 동료로서 함께 공부하고 상호 합의로 학습 목표를 설정한다.
② 교사와 학생이 비폭력대화로 말하는 것. 비폭력대화에서는 (1) 각 개인에게 동기를 부여하는 느낌과 욕구, (2) 어떻게 행동해야 어느 누구의 욕구도 희생시키지 않으면서 자신의 욕구를 최대한 충족시킬 수 있을까에 관심을 집중한다.
③ 학생들에게 동기를 부여하는 것은 처벌에 대한 두려움이나 보상

받으리라는 기대가 아니라, 배우고자 하는 자연스러운 호기심과 열망이다.
④ 시험은 상이나 벌을 주기 위해 학습 과정이 끝난 후에 보는 것이 아니라, 학습 과정 초기에 목표를 설정하기 위해 본다. 학업 평가에서는 성적을 매기는 대신에 학생들이 무엇을 배웠는지, 즉 학기 초에 갖추지 못했던 어떤 기술과 지식을 학기 말에 익혔는지 기술한다.
⑤ 이 공동체의 목표는 모든 학생이 자기 목표를 이루도록 지원하는 것이다. 이 공동체는 학생들이 몇 안 되는 상을 놓고 경쟁하기보다는 더 잘 배울 수 있도록 서로 도와주고 돌보도록 고안된, 상호 의존의 학습 공동체이다.
⑥ 규칙과 규정은 그 영향을 받는 사람들, 즉 학생과 교사·학부모·관리자 모두의 상호 합의로 만들어진다. 규칙과 규정을 시행할 때에는 처벌을 위해서가 아니라 모두의 건강이나 안전 같은 욕구를 돌보기 위해서만 힘을 사용한다.

변화가 필요한 교육 체계

나는 단지 새로운 교과 과정이나 특별한 일과표, 교실의 자리 배치나 어떤 혁신적인 교수법을 내세우는 것이 아니다. 여러분 중에는 이 책에서 제안하려는 구상을 개인적으로 또는 그룹으로 이미 시도해 본 분도 많을 터이다. 내가 촉구하는 바는 기존 교육 체계를 근본적으로 변화시키기 위해 기본 가치관을 철저히 바꾸어 보자는 것이다.

내가 만난 사람들은 이러한 변화를 몹시 갈망하고 있으며 가치관의 전환에 목말라 하고 있다. 그 사람들은 미치 앨봄Mitch Albom의 베스트셀러인 『모리와 함께한 화요일』의 주인공 모리 슈워츠Morrie Shwartz와 같은 생각을 하고 있다.

"우리 문화는 사람들이 자신을 자랑스럽게 느끼지 못하게 만든다. 우리는 잘못된 것들을 가르치고 있다. 우리는 강해져야 한다. 그래서 '문화가 올바르게 작용하지 못할 때에는 받아들이지 말라.'라고 말할 수 있어야 한다. 자기만의 것을 만들어 내자. 하지만 대부분 사람들은 그렇게 하지 못한다."

아마 혼자서는 하기 힘들 것이다. 그러나 삶을 풍요롭게 하는 문화를 일구어 내는 첫걸음은 이 모든 일을 기꺼이 상상해 보는 것이다. 그렇게 되면 모두 함께할 수 있지 않을까.

교육 현장에서의
NVC

운동장 같이 사용하기

한 비폭력대화(NVC; Nonviolent Communication. 간디의 비폭력 정신을 구현한다는 뜻으로 이 말을 쓴다. NVC라는 약칭이 세계적으로 통용되고 있다—옮긴이) 지도자가 초등학교에서 교사와 학생들에게 NVC를 가르치고 있었다. 어느 날, 이 지도자는 운동장에서 두 무리의 남자아이들 사이에 충돌이 일어난 것을 보았다. 이 사건은 NVC 기술을 활용하여 어떻게 갈등을 중재할 수 있는지를 보여 주는 기회가 되었다.

점심시간이 끝나 갈 무렵이었고, 교사 몇 사람이 운동장에서 NVC 지도자와 이야기를 하던 중이었다. 열 살에서 열두 살가량의 남자아이 둘이 다투는 것을 보고, NVC 지도자와 교사들은 그쪽으로 갔다. 키가 조금 큰 아이는 벌겋게 달아오른 얼굴로 공을 꼭 움켜잡고 있었고, 작은 아이는 울고 있었다.

NVC 지도자	(먼저, 공을 가진 아이를 보고 그 아이의 느낌을 짐작하며) 너, 지금 많이 속상하구나?
아이 1	네, 맞아요. 우린 놀고 싶은데, (상대편 아이를 가리키며) 쟤 때문에 놀 수가 없어요.
NVC 지도자	(아이 1의 욕구를 들어 주고 그것을 들은 대로 다시 들려주며) 으응, 친구들이랑 같이 놀고 싶었어? 그런데 같이 못 놀았구나?
아이 1	네. 쟤가 와서 우리 노는 데 끼어들더니, 자꾸 공을 뺏어 가잖아요. 우린 쟤한테 방해하지 말라고 몇 번이나 말했어요. 지금은 쟤네들이 놀 시간이 아니란 말이에요.
NVC 지도자	(아이 2가 아이 1의 욕구를 들었는지 확인해 보려고 아이 2 쪽으로 몸을 돌리며) 저 아이가 지금 뭐라고 했는지 네가 들은 대로 말해 줄 수 있겠니?
아이 2	네. 쟤네는 우리랑 놀고 싶지 않대요.
NVC 지도자	(아이 2에게 다시 물어보면서) 너도 뭔가 불만이 있는 것 같구나. 그런데 말이야. 지금은 저 아이가 원하는 것이 무엇인지에 대해 너는 어떻게 이해했는지 다시 듣고 싶은데.
아이 2	자기네가 노는 동안 방해받고 싶지 않대요.
NVC 지도자	나도 그렇게 들었다. 그래, 그 말을 들으니까 넌 어떠니?
아이 2	우리도 놀고 싶어요. 그런데 자기들이 우리보다 크다는 이유만으로 운동장을 독차지하고 절대 내주지 않아요.
NVC 지도자	(아이 1을 보며) 너는 저 아이가 하는 말을 어떻게 들었니?
아이 1	네, 쟤네들도 놀고 싶대요. 하지만 지금은 쟤네가 놀 시간

	이 아니란 말이에요.
NVC 지도자	잠깐. 지금은 저 아이가 한 말만 다시 들어 볼 수 있을까?
아이 1	네. 쟤도 놀고 싶대요.
NVC 지도자	그래, 너희들 모두 놀고 싶다는 말로 들리는구나. 그리고 너희 둘 다 운동장 어디를 어떻게 쓰면 될지 알고 싶은 것 같은데.
아이 2	하지만 그게 잘 안 돼요. 쟤네들은 자기네가 좀 크다고 항상 자기들 맘대로 한단 말이에요.
NVC 지도자	(아이 2의 욕구를 들어 주면서) 그래서 너희가 원하는 것도 저 아이들이 알아줬으면 좋겠니? 그리고 공평했으면 좋겠어?
아이 2	네.
NVC 지도자	그래, 운동장에서 노는 시간을 공평하게 나눠 가졌으면 좋겠다는 것 같구나.
아이 2	네.
NVC 지도자	(아이 1을 보며) 너도 마찬가지로 공평했으면 하고 바라는 것 같은데.
아이 1	네.
NVC 지도자	그렇게 할 수 있는 방법을 너희끼리 생각해 보겠니? 아니면 너희 이야기를 좀 더 들어 주기를 바라니?
아이 2	쟤들은 어떻게든 운동장을 차지하고 말걸요.
아이 1	우리가 놀 시간에 쟤가 또 말썽을 안 부릴 거라는 걸 어떻게 알아요?
NVC 지도자	너희들 모두 운동장을 나누어 사용하기로 일단 합의하면

	상대방이 그 약속을 반드시 지킬 것이라는 확신이 필요하다는 말 같구나.
아이 1과 2	(고개를 끄덕이며) 네.
NVC 지도자	그렇다면 너희들이 어떤 약속을 하든지 두 사람 모두 거기에 찬성할 수 있어야 할 것 같다. 또 약속이 잘 지켜지는지를 당분간 시험해 보는 게 중요한 것 같은데……. 어때, 해 보겠니?
아이 1과 2	(고개를 끄덕이며) 네.
NVC 지도자	내 생각엔 이 문제를 어떻게 풀면 좋을지 너희 둘 다 생각이 있을 것 같은데, 너희끼리 얘기해 보고 나서 결정한 생각을 나나 다른 선생님께 알려 주겠니? 아니면 너희들이 의논하는 동안 누가 함께 있어 주기를 바라니?

두 아이는 자기들끼리 이야기하고 싶다고 했다. 잠시 후, 아이들은 한 가지 방안을 생각해 냈다. 며칠은 운동장을 나누어 사용하고, 그다음 며칠은 운동장 전체를 번갈아 가면서 사용하겠다는 것이었다. 아이들은 두 주일 동안 그렇게 해 본 다음에 다시 만나서 의논하겠다고 했다.

아이들이 이런 결정을 내리는 동안, NVC 지도자는 중재를 지켜보고 있던 선생님들에게 돌아왔다.

NVC 지도자	자, 이런 상호 작용에서 선생님들은 무엇을 보셨나요?
교사 1	아이들이 문제를 빨리 해결하는 게 정말 놀라워요.

NVC 지도자 의견 충돌이 있는 아이들이 이토록 빨리 서로를 이해하게 되는 것을 지켜보면서 놀라셨군요.

교사 1 그래요. 나라면 이 문제를 어떻게 다뤘을까, 그리고 어떤 결과가 나왔을까 생각하고 있었습니다.

NVC 지도자 어떻게 하셨을 것 같아요?

교사 1 아마도 큰 아이를 꾸짖고, 한 주일 동안 운동장에서 놀지 못하게 했을 것 같아요. 아니, 어떤 식으로든 벌을 주었을 거예요. 그러면 그 아이는 작은 아이하고 앞으로는 말도 하지 않겠지요.

교사 2 저도 같은 생각을 하고 있었어요. 차이가 있다면……, 아마 전 저학년 아이에게 게임에 끼어들었다고 벌을 주었을 거예요. 그 아이의 그룹 전체를 한동안 운동장에 나오지 못하게 했겠지요. 그리고 서로 잘 지내는 법을 배울 때까지 잘 생각해 보라고 말했을 거예요. 그런데 그런 건 전혀 효과가 없어요. 그저 잠시 열만 식히는 거죠.

NVC 지도자 말씀을 들으니까, 어떻게 하면 아이들 스스로 문제를 계속 풀어 나갈 수 있을지에 관심이 있으실 것 같네요.

교사 1 네. 그리고 선생님이 방금 하신 것처럼, 어떻게 하면 아이들이 스스로 문제를 해결하도록 내가 도와줄 수 있는지도 배우고 싶어요.

제2장
삶을 풍요롭게 하는 메시지 표현하기

비폭력대화는 배우기 어려운 언어가 아니다.
어려운 것은 도덕주의적인 판단을 하면서 강요하는 언어,
즉 우리가 배운 지배 체제의 언어 습관을 버리는 것이다.

학생들을 준비시키기

교사는 삶을 풍요롭게 하는 조직에 학생들을 참여시킴으로써 그들이 그런 공동체를 만들어 낼 수 있도록 준비시킬 수 있다. 그 교육은 교사와 학생이 매 순간 진정으로 서로 공감할 수 있는 언어로 이야기를 함으로써 가능하다. 나는 이 언어를 '비폭력대화'라고 부른다. 이 언어로 이야기하면 교사와 학생이 동료가 될 수 있고, 학생들에게는 서로 싸우지 않고 분쟁을 풀어 나갈 수 있는 도구를 마련해 줄 수 있다. 또한 적대 관계였던 사람들 사이에 다리를 놓아 줄 수 있고, 자신과 타인의 행복에도 기여할 수 있다. "그렇다면 우리는 왜 이렇게 훌륭한 언어를 빨리 배워 일상에서 사용하지 않나요?"라고 여러분은 질문할지도 모르겠다.

그 이유는 불행하게도 우리가 지금까지 자신이나 타인의 행동을 '옳다/그르다', '맞다/틀리다', '좋다/나쁘다', '정상이다/비정상이다', '적절하다/부적절하다'와 같은 도덕주의적인 범주에 따라 판단하도록 만드는 언어를 배워 왔다는 데에서 찾을 수 있다.

더욱이 우리는 어떤 상황에서 어떤 판단이 가장 정확한지는 권위자만이 알고 있다고 믿도록 교육을 받아 왔다. 만일 내가 '교사' 혹은 '교장'이라는 직함을 가지고 있다면, 내가 감독하는 모든 사람들에게 무엇이 최선인지 내가 반드시 알아야 한다고 우리는 생각한다. 그리고 내 의견에 따르지 않는 사람에게는 '비협조적이다', '파괴적이다', 심지어는 '정서 장애다'라는 꼬리표를 재빨리 붙인다. 그와 동시에 자신의 노력이 실패하면 스스로를 '무능한' 사람이라고 생각한다. 이런 언어를 사용하는 교육이 사람들을 권위 앞에 굴종하게 만든다. 그리고 이런 식의 상호 작용이 지배 체제를 유지하는 기반이 되고 있다.

언젠가 라디오 토크 쇼에 출연한 적이 있다. 거기에서 사회자로부터 "지상에서 평화를 이룩하려면 어떻게 해야 할까요?"라는 질문을 받았다. 나는 그 질문에 "사람들에게 맞다 틀리다, 좋다 나쁘다와 같은 도덕주의적인 판단보다는 자신의 욕구를 중심으로 생각하도록 가르치면 가능합니다."라고 답변했다. 그 순간 전화 교환기에 일제히 불이 켜지며 번쩍거렸다. 내 답변에 겁을 집어먹은 사람들이 이렇게 많다니. 아무것도 판단하지 말고 사람들이 하고 싶은 대로 하게끔 놓아두라는 말로 들은 것이다. 하지만 실제로 나와 같은 생각을 가진 사람들은 확고한 의견과 흔들리지 않는 가치관을 가지고 있다. 이 사람들은 도덕주의적인 판단 대신 굳건한 가치관을 바탕으로 우리 삶을 풍요롭게 하는 가치 판단을 해 왔다.

비폭력대화는 배우기 어려운 언어가 아니다. 어려운 것은 도덕주의적인 판단을 하면서 강요하는 언어, 즉 우리가 배운 지배 체제의 언어 습관을 버리는 것이다.

도덕주의적인 판단이 학습에 미치는 영향

도덕주의적 판단과 가치 판단의 차이를 교사들에게 가장 효과적으로 보여 줄 수 있는 기회가 버지니아 주 노퍽의 한 학교에서 있었다. 당시 나는 교사들에게 학생들의 교양 과목 수행 평가에서 가치 판단을 어떻게 활용할 수 있는지 보여 주었다. 교사들은 답이 "맞다"라거나 "틀리다"라고 지적하지 않고서 학생들의 학업을 어떻게 평가할 수 있느냐며 회의적인 반응을 나타냈다. 나는 그 교사들에게 도덕주의적 판단이 아닌 다른 대안이 있다는 것을 알려 주고 싶었다. 그래서 수학·과학·언어를 포함해 몇 과목의 수업을 맡았고, 그 수업을 4시간 이상 비디오테이프에 녹화했다.

그러나 학교 관리자들은, 교사들이 도덕주의적 판단 대신 다른 방법을 선택하는 것이 얼마나 중요한지 확신하는 데에는 처음 10분 분량으로도 충분했다고 말해 주었다.

그 10분 동안에 일어난 일이다. 나는 열 살짜리 남자아이에게 다가갔다. 그 아이는 한 페이지 분량의 수학 덧셈 문제를 막 끝마친 참이었다. 아이가 9 더하기 6은 14라고 답을 적어 놓은 게 보였다. 그래서 아이에게 말했다.

"얘야, 어떻게 해서 이런 답이 나왔는지 궁금하구나. 난 다른 답이 나왔거든. 어떻게 그 답이 나왔는지 말해 줄 수 있겠니?"

내가 한 말은 사실이다. 나는 그 아이가 어떻게 그런 답을 냈는지 정말로 궁금했다. 어쩌면 그 아이가 새로운 수학 공식을 생각해 냈는지도 모르지 않는가. 아무튼 그 답이 맞는지 아니면 뭔가 다른 의도가 있는지 알기 위해서였다.

그 아이는 고개를 푹 숙이더니 울기 시작했다.

"얘야, 왜 그러니?"

내가 묻자, 아이가 대답했다.

"제가 틀렸어요."

교사들은 이만큼의 수업 장면만으로도 도덕주의적 판단이 잘못되었다는 것을 깨치는 데 충분했던 것이다. 3학년인 이 아이는 학교에서는 타인에게 어떤 평가를 받느냐가 중요하다는 사실을 이미 알고 있었다. 나는 답이 '틀렸다'라는 단어를 입 밖에 내지도 않았는데 아이는 그렇게 받아들였던 것이다. 자기가 쓴 답이 '틀렸다'라고 들었을 뿐 아니라, 아이의 반응을 보니 '틀린' 것을 얼마나 부끄러워하고 있는지도 알 수 있었다. 아마 그 아이는 '틀렸다'라는 말을 '바보'라고 불리게 되리라는 가슴 아픈 판단과, 그리고 또래 집단에서 따돌림 당한다는 엄청난 결과와 연결해서 생각했을 것이다.

학교 교육에서 가장 중요한 부분은 삶을 풍요롭게 하는 기술과 지식을 가르치는 것이다. 그런데 교사들은 학생들에게 부정적 평가는 피하고 긍정적 평가를 받아야 한다는 것을 가장 먼저 배우도록 가르치고 있다.

이런 학습은 지배 체제를 유지하는 데 결정적인 역할을 한다. 지배 체제에서는 상을 받고 벌을 피하기 위해 노력하기 때문이다. 하지만 자신의 노력과 행동이 자신과 타인의 행복에 어떻게 기여하고 있는지를 알게 되면 보상과 처벌은 더는 필요하지 않다.

내가 가치 판단을 사용해 수행 평가할 때의 좋은 점을 설명하고 있을 때 화를 냈던 텍사스의 한 초등학교 교사가 기억난다. 그 교사는 이렇게 말했다.

"당신은 간단한 걸 복잡하게 만들고 있어요. 사실은 사실이잖아요. 학생이 맞았으면 맞았다고 하고, 틀렸으면 틀렸다고 하는 게 뭐가 잘못이죠?"

그 교사에게 그런 보기를 들어 달라고 하자, 그녀는 이렇게 대답했다.

"예컨대, 크리스토퍼 콜럼버스가 미국을 발견했다는 것은 사실이잖아요."

그날 마침 나와 동행했던, 미국 원주민인 내 친구가 그 교사에게 나직하게 말했다.

"우리 할아버지 말씀은 안 그렇던데요."

가치 판단을 사용하는 수행 평가

　가치 판단을 사용해 수행 평가를 하면, 학생은 자기가 한 행동이 교사의 욕구나 가치와 조화를 이루고 있는지 아닌지를 알게 된다. 이러한 평가에는 흔히 비판이라고 말하는 경직된 도덕주의적 평가도, 의례적인 칭찬이나 찬사 같은 긍정적 평가도 없다. 교사들은 "맞았다./틀렸다."가 아니라 "나도 그래."나 "나와는 의견이 다르네."라고 말하는 것으로 학생이 한 행동을 평가할 수 있다. 교사들은 학생이 했으면 하는 것을 표현하겠지만, 이때 "해야만 해.", "그렇게 해서는 안 돼."나 "해야 돼.", "안 하면 안 돼."처럼 학생에게 선택권이 없다는 것을 암시하는 언어는 사용하지 않는다.

　삶을 풍요롭게 하는 학교에는 특별한 탐지기가 있어서 교사들 의식 속에 '옳다/그르다, 맞다/틀리다, 정상이다/비정상이다, 공손하다/불손하다, 머리가 좋다/머리가 나쁘다, 해야 돼/안 하면 안 돼/되어야 해' 같은 단어들이 있으면 교문을 통과할 수 없다.

　그 어떤 행동에 대해서도 판단을 강요하지 않는 환경에서 교육받은 학생들은 스스로 선택했기 때문에 배우는 것이지, 도덕주의적 판단이나 보상과 처벌 때문에 배우지 않는다. 교사라면 누구나 진정으로 배우고자 하는 학생들을 가르치는 기쁨을 알거나 적어도 상상할 수 있지만, 실제로 그런 체험을 할 기회는 너무도 드물다.

　수행 평가를 할 때 단지 다른 언어를 사용하는 것만으로도 교육 체계가 근본적으로 변할 수 있다는 점을, 이제는 여러분이 깨닫기 시작했으면 좋겠다. 그런데 한편으로 여러분이 이렇게 묻는 소리도 들려온다. "하지만 성적표는 어떻게 하죠? 학업능력 시험과 성취도 평가는요?"

그 질문에 대답해 보겠다. 그 전에 먼저 비폭력대화의 기본 원리부터 소개하고 싶다.

비폭력대화의 구성 요소

비폭력대화는 다음 요소들을 인식하면서 자신을 명확하게 표현할 수 있도록 해 준다.
① 우리의 욕구를 무엇이 충족시키는가를 관찰한다.
② 우리의 욕구를 무엇이 충족시키지 못하는가를 관찰한다.
③ 우리는 지금 어떻게 느끼고, 무엇을 필요로 하는가를 안다.
④ 우리의 욕구를 충족시키기 위해서 상대방에게 어떻게 부탁하는가를 안다.
⑤ 의견과 신념을 단지 의견과 신념이라고 표현하며 사실이라고 말하지 않는다.

비폭력대화는 다음과 같은 것을 공감으로 듣게 해 준다.
① 다른 사람의 욕구를 무엇이 충족시키는가를 공감한다.

② 다른 사람의 욕구를 무엇이 충족시키지 못하는가를 공감한다.
③ 다른 사람이 지금 어떻게 느끼고, 무엇을 필요로 하는가를 공감한다.
④ 다른 사람이 자신의 욕구를 충족시키기 위해 어떤 행동을 부탁하고 있는가를 공감한다.

비폭력대화의 목적은 우리가 원하는 것을 얻는 것이 아니라 모든 사람의 욕구가 충족될 수 있는 인간적 유대 관계를 형성하는 것이다. 그러나 그 일은 간단하고도 복잡하다.

평가하지 않고 명확하게 관찰하기

비폭력대화에서 중요한 부분은 비판으로 들릴 수 있는 평가를 하지 않고, 사람들이 하는 말이나 행동을 있는 그대로 관찰하는 능력이다. 내 경험에 비추어 보면, 사람들은 다른 사람의 말을 비판으로 받아들일 때 자신의 욕구를 충족시키지 못하는 것 같다(예컨대, 배우고자 하는 학생의 욕구나 가르치고자 하는 교사의 욕구). 상대방의 말이 자신에 대한 비판으로 들릴 때, 서로 협조하기보다는 자신을 변호하기 위해 변명하거나 논쟁을 일으키기 쉽다.

이 경우 자신이 원하는 행동을 상대방이 해 준다고 해도 그것은 진심이 아니다. 그 사람은 우리의 욕구를 충족시키고 싶은 마음보다는 수치심이나 죄책감, 처벌에 대한 두려움 때문에 그렇게 행동할 가능성이 크다. 이런 이유로 행동하면 관련된 사람들 모두가 비싼 대가를 치른다. 이런 의도에서 나온 행동은 사람을 비인간적으로 만들기 때문이다. 우리를 볼 때마다 비인간적인 행동이 연상되면, 상대방은 우리의 행복에 기여하고 있다는 즐거움을 느끼지 못할 뿐 아니라 그렇게 하고 싶지도 않게 된다.

작사가이자 시인인 루스 베버마이어Ruth Bebermeyer는, 아이들이 평가하지 않고 관찰하는 방법을 배울 수 있도록 돕기 위해 다음과 같은 노래를 지었다.

> 나는 게으른 사람을 본 적이 없어요.
> 내가 지켜보고 있을 동안엔
> 한 번도 뛰지 않는 사람은 보았지요.
> 그리고 점심과 저녁 사이에 가끔 잠도 자고,
> 또 비 오는 날이면 집에 있곤 하는
> 사람은 보았지만 그 사람은
> 게으른 사람이 아니에요.
> 나보고 엉뚱하다고 하기 전에 한번 생각해 보실래요?
> 그가 정말 게으른 사람인지, 아니면 그저
> 우리가 '게으르다'라고 이름 붙인 일들을 했을 뿐인지.

나는 바보 같은 아이는 본 적이 없어요.
가끔 내가 이해하지 못하는 일을 하거나
예상하지 못한 방식으로
하는 아이는 보았어요.
또 내가 가 본 곳에 가 보지 못한
아이를 본 적도 있어요.
하지만 바보 같은 아이는 아니었죠.
그 아이를 바보라고 부르기 전에 생각해 보시겠어요?
그 아이가 바보 같은 아이인지, 아니면
당신과는 다른 것들을 알고 있을 뿐인지.

아무리 열심히 둘러보아도
요리사를 본 적이 없어요.
우리가 먹는 음식의
재료를 혼합하는 사람은 보았어요.
불을 지피고 음식이 익어 가는 것을
지켜보는 사람은 보았지요.
내가 본 건 요리사가 아니라 그런 일을 하는 사람이었어요.
내게 말해 주시겠어요?
당신이 보는 사람이 요리사인지, 아니면
우리가 요리라고 부르는 일을 하는 사람인지.

누군가는 게으르다고 하는 것을,
누군가는 지친 거라거나 태평한 거라고 하지요.
누군가는 바보 같다고 하지만,
누군가는 그저 다른 걸 알고 있을 뿐이라고 하고요.
그래서 나는 결론에 도달했어요.
눈에 보이는 것과
우리의 견해를 섞지 않는다면
이런 모든 혼란은 겪지 않을 거라고.
당신도 그렇게 생각하겠지만, 나도 말하고 싶어요.
나도 안다고, 이것도 단지 나의 견해일 뿐이라는 걸.

내가 말하는 관찰이란 보고 듣고 만질 수 있는 것, 비디오카메라로 녹화할 수 있는 것이다. 즉 사실을 바탕으로 묘사하는 것이다. 평가란 관찰한 것에 대한 우리의 결론이다. 비폭력대화는 완전히 객관적이어야 하고, 어떤 평가도 해서는 안 된다고 주장하는 것은 아니다. 우리는 자신이 관찰한 것에 대해서 어떻게 느끼는지를 다른 사람들에게 표현하고, 자신의 가치관을 다른 사람들에게 말할 수 있다. 그러나 아이에게 "샤론! 나무 블록으로 라이어넬 머리를 때리다니, 너 정말 나쁜 아이로구나!"라고 소리치는 것과 "네가 라이어넬 머리를 블록으로 때리는 걸 보고 겁이 났어. 샤론, 난 우리 반에서는 모두가 안전하게 놀기를 바라거든."이라고 말하는 것은 서로 전혀 다르다.

순수한 관찰과 평가가 섞인 관찰의 차이를 가장 잘 보여 주는 사례들이 다음 페이지의 표에 제시되어 있다.

　오른쪽 관찰 칸에 있는 예들 중에는 의견이 포함된 것이 있는데, 이때 의견과 사실을 혼동하지 않고 의견을 의견으로서 표현하고 있다. 나머지는 의견이 전혀 들어 있지 않은 순수한 관찰이다.

평 가	관 찰
너는 인심이 너무 후해.	네 점심 값을 전부 다른 사람에게 주는 걸 보니 걱정된다. 너도 돈이 필요할지 모르는데, 다 줘 버리는 것 같아서 말이야.
철수는 꾸물대는 버릇이 있어.	철수는 시험 전날에야 공부한다.
그 사람은 일을 끝내지 못할 거야.	그 사람은 오늘까지 내기로 한 보고서를 내지 않았다.
요즘 젊은이들은 예의가 없어.	내 옆자리의 20대로 보이는 청년은 할머니가 서 계시는데도 자리를 양보하지 않았다.
김진우는 형편없는 축구 선수야.	김진우는 20경기에서 한 골도 못 넣었어.
태호는 못생겼어.	난 태호의 외모에 끌리지 않아.

연습문제 01

관찰인가, 평가인가?

다음은 관찰과 평가를 구별하는 능력을 기르기 위한 문제들이다. 평가 없이 오직 관찰로만 이루어진 문장의 번호에 동그라미를 쳐 보자.

① "내가 한 학생에게 내 말을 주의해서 들으라고 하자 버릇없이 말대꾸를 했다."

② "자기가 숙제한 것을 개가 먹어 버렸다고 우진이가 말했어."

③ "6학년 아이가 3학년 아이한테 '야, 이 멍청아!'라고 말하는 것을 들었어."

④ "그 여자애는 아주 똘똘하다."

⑤ "너는 훌륭한 작가야."

⑥ "내 기억으로는 이번 주 내내 그 아이가 시간 맞춰 등교한 적이 없었어."

⑦ "걔는 약한 애들을 괴롭혀."

⑧ "그 여자애가 자기는 학습 장애가 있다고 말했어."

⑨ "난 걔가 다른 여자애 세 명과 함께 새로 전학 온 아이한테 손가락질하면서 웃고 떠드는 걸 보았어."

⑩ "걔네들은 수업을 무척 방해하고 있었어."

〈연습문제 01〉에 대한 나의 의견

1. 이 번호에 동그라미를 쳤다면, 우리의 의견은 일치하지 않는다. "버릇없이"라는 말은 평가이다. 평가하지 않고 관찰만 한다면 이렇게 말할 수 있을 것이다. "내가 한 학생에게 내 말에 집중하라고 하자, 그 애는 '내가 왜 남의 말을 들어야 해요?'라고 대답했다."

2. 이 번호에 동그라미를 쳤다면, 평가하지 않고 관찰한 것만 표현했다는 점에 대해 우리의 의견이 일치한다.

3. 이 번호에 동그라미를 쳤다면, 평가하지 않고 관찰한 것만 표현했다는 점에 대해 우리의 의견이 일치한다.

4. 이 번호에 동그라미를 쳤다면, 우리의 의견은 일치하지 않는다. "아주 똘똘해"라는 말은 평가이다. 평가하지 않고 관찰만 한다면 이렇게 말할 수 있을 것이다. "그 아이는 모든 기말시험에서 문제를 다 풀었다."

5. 이 번호에 동그라미를 쳤다면, 우리의 의견은 일치하지 않는다. "훌륭한"이라는 말은 평가이다. 평가하지 않고 관찰만 한다면 이렇게 말할 수 있을 것이다. "네 작품을 보니 각 등장인물의 삶을 묘사하는 데 세 문단 이상을 썼더구나."

6. 이 번호에 동그라미를 쳤다면, 평가하지 않고 관찰한 것만 표현했다는 점에 대해 우리의 의견이 일치한다.

7. 이 번호에 동그라미를 쳤다면, 우리의 의견은 일치하지 않는다. "약한 애들을 괴롭혀"라는 말은 평가이다. 평가하지 않고 관찰만 한다면 이렇게 말할 수 있을 것이다. "학생 여섯 명이 말하기를, 그 애는 자기가 시키는 대로 하지 않으면 가만두지 않겠다고 했다고 한다." 아니면 "쉬는 시간에 그 애가 다른 학생들한테서 공을 빼앗는 걸 서너 번 봤다."

8. 이 번호에 동그라미를 쳤다면, 평가하지 않고 관찰한 것만 표현했다는 점에 대해 우리의 의견이 일치한다. "학습 장애"는 평가이지만, "그 여자애가 자기는 학습 장애가 있다고 말했어."는 그 여자애가 말한 것을 관찰한 것이다.

9. 이 번호에 동그라미를 쳤다면, 평가하지 않고 관찰한 것만 표현했다는 점에 대해 우리의 의견이 일치한다.

10. 이 번호에 동그라미를 쳤다면, 우리의 의견은 일치하지 않는다. "수업을 방해하는"이라는 말은 평가이다. 평가하지 않고 관찰만 한다면 이렇게 말할 수 있을 것이다. "설명을 하고 있는데 그 애들은 내 말이 안 들릴 만큼 큰 소리로 웃었다."

느낌을 확인하고 표현하기

비폭력대화의 기본 역할은 그 순간에 어떻게 느끼는가에 관심을 집중시키는 것이다. 그렇게 하려면 느낌을 표현하는 어휘들을 잘 알아야 한다. 불행하게도, 그동안 지배 체제의 언어를 배워 온 탓에, 우리 중 대부분이 '바보'를 표현하는 말은 열 개도 넘게 머릿속에 떠올리면서도 느낌을 표현하는 단어는 '좋다', '나쁘다' 말고는 별로 알지 못한다.

느낌을 표현할 때에는 모호하고 막연한 단어보다는 감정을 명확하게 표현하는 단어를 사용하는 것이 좋다. "그거라면 좋을 것 같아."라거나 "그거라면 나쁠 것 같아."라고 말한다면 내가 무엇을 느끼고 있는지가 명확하지 않다. '좋다'는 신이 나거나 용기가 생기거나 안심이 되는 상태를 뜻할 수도 있고, 세 가지 감정이 섞인 상태를 가리킬 수도 있다. '나쁘다'는 낙담하거나 실의에 빠진 상태, 또는 가벼운 실망이나 안타까운 마음을 표현하는 것일 수도 있다.

우리의 언어로는 어떻게 느끼는지를 전달하기가 쉽지 않다. '느낀다'라는 말을 사용하지만, 실제로는 어떻게 느끼는지를 잘 표현하지 못하고 있다. 다음 문장들을 주의해서 보자. 느낌이 든다는 말이 '~하다고', '~ 같은', '마치 ~ 같은', '나', '너', '그 남자', '그 여자' 또는 '그 사람들' 등의 다음에 오면, 말하는 사람의 느낌이 명확하게 표현되지 않는다.

- "너는 그런 행동을 하지 말아야 한다는 느낌이 들어."
- "나는 시간을 낭비하고 있는 것 같은 느낌이 들어."
- "손해 보는 것 같은 느낌이야."
- "억울하게 누명을 쓰고 있는 것 같은 느낌이 들어."
- "그 사람들이 내가 떠나기를 바라는 것 같은 느낌이 들어."

앞의 문장들에서는 말하는 사람이 무엇을 느끼는지 알 수 없다. 무슨 말인지 짐작할 수는 있지만, 십중팔구 오해이기 쉽다. 마지막 문장은 떠나게 될 것 같아 아주 실망스럽다는 말일 수도 있고, 정말로 기쁘다는 말일 수도 있다.

다음은 여러분의 느낌을 표현할 수 있도록 어휘력을 향상시켜 줄 단어 목록이다. 열거된 단어들이 전부는 아니다. 여러분이 알고 있는 단어를 덧붙여 사용해 보기 바란다.

우리의 욕구가 충족되고 있을 때 경험하는 느낌들			
감격하다	관심이 생기다	상냥하다	환상적이다
감동하다	궁금하다	상쾌하다	환희에 차다
감사하다	근심 없다	신나다	활기 넘치다
감탄하다	놀라다	숨 가쁘다	활발하다
기대하다	느긋하다	신뢰하다	황홀하다
기분이 들뜨다	더없이 행복하다	안도하다	흡족하다
긴장이 풀리다	득의양양하다	안심되다	흥미롭다
기쁘다	들뜨다	안정되다	흥분되다
고맙게 여기다	따뜻하다	애정이 충만하다	희망에 차다
고무되다	마음 놓이다	열광적이다	희열에 넘치다

우리의 욕구가 충족되고 있을 때 경험하는 느낌들			
마음이 넓어지다	친근하다	열렬하다	자신에 차다
마음이 열리다	침착하다	열정이 넘치다	자유롭다
마음이 흡족하다	쾌활하다	열중하다	전율하다
만족스럽다	편안하다	영감을 받다	정신이 바짝 들다
매우 기쁘다	평온하다	영광스럽다	좋아하다
멋지다	평화롭다	용기가 생기다	즐겁다
명랑하다	행복하다	유쾌하다	짜릿하다
반갑다	호기심을 돋우다	의기양양하다	차분하다
찬란하다	호기심이 강해지다	자극받다	
충족되다		자신만만하다	

우리의 욕구가 충족되지 못하고 있을 때 경험하는 느낌들			
갑갑하다	기운 없다	기운을 잃다	맥이 풀리다
걱정되다	무감각하다	긴장되다	외롭다
겁나다	미지근하다	긴장하다	용기를 잃다
격노하다	무관심하다	깜짝 놀라다	우려하다
격분하다	무기력하다	낙심하다	우울하다
격앙되다	무섭다	냉담하다	울적하다
격정에 압도되다	민망하다	냉정하다	음울하다
경계하다	부끄럽다	노하다	의기소침하다
고독하다	불만스럽다	녹초가 되다	전전긍긍하다
고민스럽다	불안정하다	놀라다	절망적이다
고통스럽다	불안하다	당황하다	정떨어지다
곤란하다	불안해하다	두렵다	조바심하다
골치 아프다	불편하다	마음 내키지 않다	졸리다
괴롭다	비관적이다	마음 상하다	좌절하다
기가 죽다	비참하다	마음에 상처 입다	주저하다
기분이 언짢다	산란하다	마음이 안 놓이다	지겹다

우리의 욕구가 충족되지 못하고 있을 때 경험하는 느낌들			
상심하다	실망하다	지루하다	피로하다
섭섭하다	심란하다	지치다	혼란스럽다
성가시다	심술 나다	짜증나다	화나다
성나다	안달하다	초조해하다	회의적이다
슬프다	안절부절못하다	초조하다	흥미가 없다
슬픔에 잠기다	애도하다	충격을 받다	흥분하다
시무룩하다	어쩔 줄 모르다	침울하다	힘이 없다
시시하다	억울하다	풀이 죽다	힘겹다
신경을 쓰다		피곤하다	

연습문제 02

느낌 표현하기

다음 중 느낌을 말로 표현한 문장의 번호에 동그라미를 쳐 보자.

① "너 화난 것 같다."

② "네가 숙제를 다 한 걸 보니 흐뭇하구나."

③ "모든 학생이 학교에 대한 소속감을 가졌으면 좋겠는데, 넌 그렇지 않은 것을 보니 걱정스러워."

④ "너 참 귀엽다."

⑤ "네가 새로 전학 온 아이를 안내해 주는 것을 보니 정말 기쁘구나."

⑥ "네가 무엇 때문에 괴로워하는지 나한테 이야기해 줘서 고맙다."

⑦ "아무래도 너희들은 최선을 다하지 않는 것처럼 느껴진다."

⑧ "네가 그 일을 마칠 시간이 없을까 봐 걱정이다."

⑨ "네가 내 말대로 하지 않으면 난 무시당하는 느낌이야."

⑩ "네가 얼마나 잘 배우는지 보니까 기쁘다."

〈연습문제 02〉에 대한 나의 의견

1. 이 번호에 동그라미를 쳤다면, 우리의 의견은 일치하지 않는다. "너 화난 것 같다."라는 말은 느낌이 아니다. 말하는 사람의 느낌보다는 상대방이 어떻게 느끼고 있을 거라는 생각을 표현한 것이다. 느낌을 표현한다면 다음과 같이 말할 수 있을 것이다. "나는 ~까 봐 걱정돼." "나는 ~인지 궁금해."

2. 이 번호에 동그라미를 쳤다면, 느낌을 말로 표현했다는 점에 대해 우리의 의견이 일치한다.

3. 이 번호에 동그라미를 쳤다면, 느낌을 말로 표현했다는 점에 대해 우리의 의견이 일치한다.

4. 이 번호에 동그라미를 쳤다면, 우리의 의견은 일치하지 않는다. "귀엽다"라는 말은 느낌이 아니다. 말하는 이의 느낌보다는 상대방에 대한 평가를 나타내는 표현이다. 느낌을 표현하려면 다음과 같이 말할 수 있을 것이다. "~해서 기뻐." 또는 "네가 ~한 것을 보니까 기분이 좋아."

5. 이 번호에 동그라미를 쳤다면, 느낌을 말로 표현했다는 점에 대해 우리의 의견이 일치한다.

6. 이 번호에 동그라미를 쳤다면, 느낌을 말로 표현했다는 점에 대해 우리의 의견이 일치한다.

7. 이 번호에 동그라미를 쳤다면, 우리의 의견은 일치하지 않는다. 이 문장은 상대방의 행동에 대한 말하는 이의 생각을 표현한 것이다. "~처럼"이라는 말 다음에 "느낀다"라는 단어가 이어지는 경우 대개가 그렇다. 느낌을 표현하려면 다음과 같이 말할 수 있을 것이다. "너희가 숙제해 온 것을 보니 실망스럽고 걱정이 된다."

8. 이 번호에 동그라미를 쳤다면, 느낌을 말로 표현했다는 점에 대해 우리의 의견이 일치한다.

9. 이 번호에 동그라미를 쳤다면, 우리의 의견은 일치하지 않는다. "무시당한"이라는 말은 느낌이 아니라 상대방의 행동에 대한 말하는 이의 생각을 표현한 것이다. 느낌을 표현한다면 다음과 같이 말할 수 있을 것이다. "~해서 난 실망스러워." 또는 "~해서 난 화가 나."

10. 이 번호에 동그라미를 쳤다면, 느낌을 말로 표현했다는 점에 대해 우리의 의견이 일치한다.

느낌을 표현하지 않을 때
생길 수 있는 위험

자신의 느낌을 표현하지 않으면 부정적인 결과를 초래할 수 있다. 언젠가 세인트루이스 시의 빈민 지역에 거주하는 학생들을 위해 비폭력대화 강의를 해 달라는 부탁을 받았다. 첫날 내가 교실에 들어서자 시끄럽게 떠들던 학생들이 갑자기 조용해졌다. "안녕하세요!"라고 첫 인사를 했으나 아무도 대답하지 않았다. 속으로 매우 언짢았지만 그런 것을 말로 표현하기가 겁이 났다. 나는 내 느낌을 표현하는 대신 아주 전문적이고 조금은 잘난 체하는 말투로 이야기를 계속했다.

"오늘 우리는 가족 관계나 친구들과의 관계에서 여러분에게 도움이 되는 대화의 개념을 공부하려고 합니다."

나는 계속해서 비폭력대화에 대해 설명해 나갔지만 아무도 귀담아 듣는 것 같지 않았다. 한 여학생이 줄칼을 꺼내더니 손톱을 다듬기 시작했다. 창가에 있는 학생들은 길거리에서 무슨 일이 일어나고 있는지 보려고 창밖을 내다보고 있었다. 나는 점점 더 기분이 상했지만 그냥 못 본 체하고 넘어가고 있었다.

마침내 나보다 용기 있는 학생 한 명이 불쑥 말을 꺼냈다.

"흑인이랑 같이 있는 게 싫으신 거죠?"

불쾌감을 감추고 이야기를 계속하는 나의 행동이 학생들에게 어떻게 해석되고 받아들여지고 있는지 즉시 깨달았다.

그래서 대답했다.

"지금 내 마음이 매우 언짢지만 그건 여러분이 흑인이라서가 아닙니다. 여긴 내가 아는 사람이 한 명도 없을 뿐 아니라, 교실에 들어왔을 때 환영받지 못하고 있다는 생각이 들어서 그런 거예요."

나도 상처 받을 수 있다는 사실을 이런 식으로 표현하자 학생들의 태도가 금세 달라졌다. 학생들은 나에 관해 궁금한 것을 질문하기 시작했고, 자신들에 관한 이야기를 조금씩 털어놓으면서 비폭력대화에 대해 관심을 보이기 시작했다.

느낌을 욕구에 연결하기

비폭력대화는 다른 사람의 말이나 행동이 우리의 느낌을 자극할 수는 있어도 그 원인은 될 수 없다는 점을 인식하게 해 준다. 우리의 느낌은 욕구가 충족되고 있는지 아닌지에 따라 달라진다. 예컨대, 샤론이 나무 블록으로 라이어넬의 머리를 때렸을 때, 선생님은 샤론 때문에 겁이 난 것이 아니다. 선생님이 겁이 난 것은 자기 반 학생들이 신체적으로 안전하게 잘 지내기를 바라는 자신의 욕구 때문이다. 만약 선생님의 자녀가 간밤에 아파서 꼬박 밤을 새웠다면, 그래서 그 순간 선생님의 욕구가 잠자고 싶다는 것이었다면, 선생님은 겁을 내기보다는 그저 라이어넬의 머리에 난 상처를 확인하는 정도로 끝내고, 샤론에게는 별로 신경 쓰지 않았을지도 모른다. 너무 피곤해서 샤론을 상대할 만한 에너지가 없기 때문이다.

타인에 대한 해석이나 비판, 진단 그리고 판단은 충족되지 못한 우리의 욕구를 다른 데로 돌려서 표현한 것이라고 할 수 있다. 예를 들어 어떤 학생이 교사에게 "이건 불공평해요. 왜 저한테는 기회를 안 주세요?"라고 말한다면, 그 학생은 '동등함'을 바라는 자신의 충족되지 못한 욕구를 표현하고 있는 것일 수도 있다. 혹은 교사가 학생에게 "이번 주 내내 지각이구나. 넌 뭘 배우든 말든 관심이 없지?"라고 말하는 것은, 수업을 계획하고 준비한 자신의 노력에 대해 보람을 느끼거나 감사받고 싶은 교사가 충족되지 못한 욕구를 그런 식으로 표현하고 있는 것일 수 있다.

이처럼 간접적으로 욕구를 표현하면 실패를 자초할 수 있다. 느낌을 더 직접적으로 욕구와 연결해 표현할수록 다른 사람이 공감하면서 반응하기가 그만큼 더 쉬워진다. 한편, 우리의 욕구가 해석이나 판단의 형태로 표현되면 다른 사람들에게는 비판으로 들리기가 쉽다. 그리고 앞에서 말했듯이, 사람들은 비판처럼 들리는 말을 듣게 되면 공감하면서 반응하기보다는 방어하고 반격하는 데 더 많은 에너지를 쏟게 된다.

우리는 대체로 욕구를 의식하고 표현하도록 교육받지 못했다. 오히려 우리 욕구가 충족되지 않으면 상대방에게 뭔가 잘못이 있다는 쪽으로 생각하도록 교육받아 왔다. 따라서 학생들이 제시간에 과제를 끝마치지 못한 것을 두고 '게으르다'고 해석하거나, 과제물을 집에 두고 등교하는 것을 두고 '무책임하다'고 해석할 수도 있다. 내 경험에 비추어 보면, 상대방이 무엇을 잘못했는가보다 내게 무엇이 필요한가에 대해 이야기하기 시작하는 순간부터 모든 사람의 욕구를 충족할 방법을 찾을 가능성이 커진다.

다음 페이지의 목록 만들기는 항상 진행 중인 작업이니, 여러분이 바꾸거나 덧붙여 주면 좋겠다. 교사인 내 친구는 자기 나름대로 욕구 목록을 만들었는데, 아이들과 함께 공부할 때 많은 도움이 된다고 한다.

자기만의 독특한 목록을 만드는 것도 재미있을 것이다. 인간이라면 누구나 가진 보편적 욕구만 포함된다는 점을 잊지 말자.

우리 모두가 가지고 있는 기본 욕구들

자율성 Autonomy
- 자신의 꿈·목표·가치관을 선택할 수 있는 자유
- 자신의 꿈·목표·가치관을 이루기 위한 방법을 선택할 수 있는 자유

지행합일 Integrity
- 진정성
- 의미
- 창의성
- 앎과 삶의 일치

상호 의존 Interdependence
- 수용
- 감사
- 친밀함
- 공동체
- 배려
- 삶을 풍요롭게 하는 데 기여하기(타인의 행복과 자신의 행복에 기여할 능력을 행사하기)
- 정서적 안정
- 공감
- 솔직함
- 자신의 한계로부터 배울 수 있게 해 주는 솔직함
- 사랑
- 안심
- 존중
- 지지

- 신뢰
- 온정

축하 Celebration
- 생명의 탄생을 축하하기
- 잃어버린 것을 애도하기: 사랑하는 사람, 꿈 등

몸 돌보기 Physical nurturance
- 공기
- 음식·물
- 움직임·운동
- 생명을 위협하는 것들로부터 보호
- 휴식
- 성적 표현
- 쉴 곳
- 신체적 접촉, 스킨십

놀이 Play
- 재미
- 즐거움
- 자기표현

영적 교류 Spiritual communion
- 아름다움
- 조화
- 영감
- 질서
- 평화

연습문제 03

욕구 의식하기

　다음은 욕구 확인 연습을 위한 문제들이다. 자신의 느낌을 욕구와 연결함으로써 자기 느낌에 대해 책임을 지고 있다고 생각되는 문장의 번호에 동그라미를 쳐 보자.

① "나는 네가 안전한지 걱정스러웠거든. 그래서 네가 돌아오자 마음이 놓였어."

② "모든 사람이 존중받는 게 내겐 중요해. 그래서 네가 그 사람에 대해 험담하는 것을 들을 때 불편했어."

③ "네 보고서를 보고는 흥분했어."

④ "네가 '나하곤 상관없어.'라고 말할 때면 난 마음이 아파."

⑤ "네가 수업에 늦게 들어오면 속상해."

⑥ "네가 종이에 낙서하고 있는 것을 보면 화가 나."

⑦ "난 내 말뜻을 명확하게 전달하고 싶었는데 그러지 못한 것 같아 실망스럽다."

⑧ "너희들이 서로 돕는 것을 보니 기분이 아주 좋아지는구나."

⑨ "네가 왜 그런 행동을 하는지 알 수가 없네."

⑩ "네가 허심탄회하게 말해 주니 기쁘다. 나에게는 솔직한 게 중요하거든."

〈연습문제 03〉에 대한 나의 의견

1. 이 번호에 동그라미를 쳤다면, 말하는 이가 자신의 느낌에 대한 책임을 인정하고 있다는 점에 대해 우리의 의견이 일치한다.

2. 이 번호에 동그라미를 쳤다면, 말하는 이가 자신의 느낌에 대한 책임을 인정하고 있다는 점에 대해 우리의 의견이 일치한다.

3. 이 번호에 동그라미를 쳤다면, 우리의 의견은 일치하지 않는다. 말하는 이는 드러나지 않은 자신의 욕구나 생각을 다음과 같이 표현할 수 있을 것이다. "나는 전부터 돌고래에 대해서 더 많은 걸 배우고 싶었거든. 그래서 네 보고서를 보고는 흥분했어."

4. 이 번호에 동그라미를 쳤다면, 우리의 의견은 일치하지 않는다. 이 문장은 오로지 상대방의 행동 때문에 말하는 이가 그렇게 느끼고 있다는 뜻을 암시하고 있으며, 말하는 이의 느낌의 원인이 되는 자신의 욕구나 생각은 표현하고 있지 않다. 욕구나 생각을 다음과 같이 표현할 수 있겠다. "네가 '나하곤 상관없어.'라고 말하면 난 마음이 아파. 왜냐하면 배려받고 싶은 마음이 있으니까 말이야."

5. 이 번호에 동그라미를 쳤다면, 우리의 의견은 일치하지 않는다. 말하는 이는 드러나지 않은 자신의 욕구나 생각을 다음과 같이 표현할 수 있을 것이다. "네가 수업에 늦게 들어오면 속상해. 나는 모두가 잘 배울 수 있게 내 시간을 잘 쓰고 싶거든."

6. 이 번호에 동그라미를 쳤다면, 우리의 의견은 일치하지 않는다. 말하는 이는 드러나지 않은 자신의 욕구나 생각을 다음과 같이 표현할 수 있을 것이다. "네가 종이에 낙서하는 걸 보면 화가 나. 내게는 우리의 자원을 보호하는 것이 중요하거든."

7. 이 번호에 동그라미를 쳤다면, 말하는 이가 자신의 느낌에 대한 책임을 인정하고 있다는 점에 대해 우리의 의견이 일치한다.

8. 이 번호에 동그라미를 쳤다면, 우리의 의견은 일치하지 않는다. 말하는 이는 드러나지 않은 자신의 욕구나 생각을 다음과 같이 표현할 수 있을 것이다. "너희들이 서로 도와주는 걸 보면 뿌듯해진다. 서로 협력하고 배운 것을 함께 나누는 것이 내겐 소중하거든."

9. 이 번호에 동그라미를 쳤다면, 우리의 의견은 일치하지 않는다. 말하는 이는 드러나지 않은 자신의 욕구나 생각을 다음과 같이 표현할 수 있을 것이다. "네가 그렇게 행동할 때면 난 참으로 난감해. 네가 어떤 욕구를 충족시키려고 그러는지 알고 싶어."

10. 이 번호에 동그라미를 쳤다면, 말하는 이가 자신의 느낌에 대한 책임을 인정하고 있다는 점에 대해 우리의 의견이 일치한다.

삶을 더 멋지게 만들어 줄 '부탁하기'

이번 주에 다섯 번이나 숙제를 하지 않고 수업에 들어온 학생이 있다고 가정해 보자. 그런데 여러분은 학생들과 비폭력대화를 하겠다고 결심한 터라, 그 학생에게 "게으르고 무책임하다."라고 말하고 싶은 충동을 꾹 참는다. 그리고 평가를 전혀 하지 않으면서 관찰한 것을 이야기하고("내 질문에 '과제물을 읽지 않았어요.'라고 대답하는 것을 들으니"), 이어서 자신이 그에 대해 어떻게 느끼는지 밝히고("난감하구나."), 다음으로 그 느낌을 욕구와 연결시켜 본다("난 학생들이 배우는 데 도움을 주고 싶거든. 네가 이걸 읽지 않으면서 어떻게 미국 문학에 대해 배울 수 있을지 상상할 수가 없구나."). 여기까지는 잘되었다.

이제 마지막 단계는 여러분의 욕구를 충족시키기 위해서 학생이 할 수 있는 일을 명확하게 부탁하는 것이다. 어떤 때는 이 과정이 가장 어려운 단계일 수도 있다. 여러분은 이미 다섯 번이나 『허클베리 핀의 모험』 중에서 정해 준 부분을 읽어 오라고 요구했지만 그 학생은 그렇게 하지 않았다. 따라서 같은 말을 또 하는 것은 의미가 없다. 그 학생과 연결되고 그래서 두 사람 모두의 욕구를 충족시킬 수 있는 결과를 이끌어 내려면, 그 학생에게 과연 어떤 제안을 하면 좋을까?

이 문제에 대한 해답을 찾기 위해 비폭력대화를 사용하는 부탁이란 어떤 것인지 살펴보자. 우선, 우리가 원하지 않는 것보다는 원하는 것을 표현하는 것이 중요하다. 하지 말라는 말을 자주 하면 아이들이 오히려 혼란스러워할 때가 많다. 그런 보기를 하나 들어 보자. 유치원 선생님이 한 아이에게 반 친구들이 화나게 해도 꼬집으면 안 된다고 했다. 그러자 그다음부터 그 아이는 자기가 원하는 장난감을 친구가 가져가면 그 친구를 물어 버렸다.

자신이 원하는 것을 표현하는 것과 더불어, 우리는 모호하고 추상적인 표현을 피하고 구체적인 행동을 부탁해야 한다. 명확한 행동을 부탁할 때, 사람들이 그것을 기꺼이 들어줄 가능성이 커진다.

막연하고 헷갈리기 쉬운 언어로 부탁할 때 어떤 혼란이 생길 수 있는지를 보여 주는 좋은 예를 어떤 만화에서 보았다. 수영을 못하는 한 남자가 물에 빠진다. 그 남자는 호숫가에 있는 자기 개한테 소리친다. "래시, 어서 가서 도움(help)을 청해!" 다음 장면에서 그 개는 정신과 의사의 소파에 누워서 상담(help)을 받고 있었다.

한번은 어떤 고등학교 학생들을 훈련시켜 달라는 부탁을 받고 방문한 적이 있었다. 그 학생들은 교장이 인종 차별주의자라며 불만을 품고 있었다. 학생들과 가까이 지내던 목사는 학생들이 교장에게 보복할 계획을 세우고 있다는 사실을 알고 있었다. 목사는 사태가 폭력으로 이어질까 봐 몹시 걱정했고, 그래서 학생들에게 우선 나를 한번 만나 보라고 부탁했다. 학생들은 목사를 존경하는 마음에서 그 부탁을 받아들였다.

그 학생들은 나를 만나자마자 자기들이 불공평한 차별 대우를 받고 있다며 몇 가지 사례를 들어 설명했다. 나는 학생들의 불만을 다 듣고 난 후 교장 선생님에게 원하는 것을 명료하게 부탁해 보면 어떻겠냐고 제안했다.

그러자 한 학생이 넌더리가 난다는 듯이 말했다.

"그래 봐야 무슨 소용 있어요? 우린 벌써 교장실에 가서 몇 번이나 우리가 뭘 원하는지 다 말했어요. 그때마다 교장 선생님이 '내 사무실에서 나가! 너희가 나한테 이래라저래라 하는 말들을 들을 이유가 없다.'면서 소리를 지른단 말이에요."

나는 학생들에게 그 모임에서 무엇을 부탁했느냐고 물었다. 그러자 학생들은 제일 먼저 헤어스타일에 대해 강요하지 말아 달라고 요구했다고 대답했다. 나는 학생들에게 내 생각을 들려주었다.

"원하지 않는 것보다 원하는 것이 무엇인지를 표현했더라면 여러분은 좀 더 협조적인 답변을 얻어 낼 수 있었을 겁니다."

학생들이 다음으로 나한테 들려준 이야기는 교장 선생님에게 좀 더 공평한 대우를 받고 싶다는 것이었다. 나는 다시 한 번 내가 믿는 바를 학생들에게 들려주었다.

"막연하게 '공평한 대우'라고 표현하기보다는, 여러분의 요구 사항을 구체적인 행동으로 나타냈더라면 더 협조적인 답변을 들었을 것 같군요."

그런 뒤 우리는 서로 머리를 맞대고 요구 사항을 긍정적이고 구체적인 행동 언어로 표현할 수 있는 방법을 찾아보았다. 모임이 끝나 갈 무렵, 학생들은 학교에서 시행해 주기를 바라는 38개의 행동 목록을 명확하게 정리했다.

다음 날 학생들은 교장 선생님을 찾아가 자기들의 요구 사항을 다시 한 번 제시했다. 이번에는 우리가 연습했던 대로 명확한 행동 언어를 사용해서 요구 사항을 표현했다. 그날 밤 늦게 그들은 신이 나서 나에게 전화했다. 자기들이 요구한 38개 항목에 교장 선생님이 모두 동의했다는 것이었다. 그리고 사흘 뒤, 그 학군의 대표로부터 문의 전화가 왔다.

"그 학생들에게 가르쳤던 것을 이 지역 관리자들에게도 가르쳐 줄 수 있습니까?"

부탁과 강요 구별하기

비폭력대화에서 부탁할 때 세 번째로 필요한 요소는 부탁과 강요를 구별하는 것이다. 부탁이 강요로 들릴 때, 듣는 사람은 "예."라고 답하지 않으면 비난이나 처벌을 받게 되리라고 생각한다. 일단 부탁이 강요로 들리면 듣는 사람은 복종 아니면 반항밖에는 선택의 여지가 없다고 생각하게 된다. 그것은 강압적이라고 느끼기 때문에, 듣는 이는 부탁받은 것을 즐거운 마음으로 받아들일 수가 없다.

예컨대, 어떤 교사가 학생에게 "여기에다 화석을 전시할 책상을 놓고 싶은데, 네 자리를 교실 뒤쪽으로 옮겨 주겠니?"라고 말했다고 가정해 보자. 이 말은 부탁이 될 수도 있고 강요가 될 수도 있다. 부탁과 강요의 차이는 얼마나 정중하게 말하는가에 따라 결정되는 것이 아니다. 자신의 부탁을 상대방이 받아 주지 않을 때 그 사람을 어떻게 대하는가에 따라 구별된다.

따라서 교사의 부탁에 대해 학생이 "이 자리에 그냥 있을래요."라고 대답했을 때 교사가 "넌 정말 협조심이 없구나!"라고 말한다면, 앞의 부탁은 강요라고 할 수 있다. 교사가 학생의 말 속에 숨어 있는 동기를 이해하려 하지 않고 학생의 선택을 도덕주의적으로 판단했기 때문이다.

이 예를 시나리오로 구성해 보자.

교사 화석 전시용 책상을 여기 놓을 수 있게 네가 교실 뒤쪽으로 자리를 좀 옮겨 주겠니?
학생 전 이 자리에 계속 앉고 싶은데요.
교사 내 부탁을 거절하니 속상하구나. 화석 수집이 얼마나 중요한지 너도 잘 알잖니?

학생이 "아니요." 했을 때, 교사는 학생이 자신의 감정을 상하게 했다고 암시하고 있다. 자신의 느낌에 대한 책임을 상대편에게 돌려서 비난할 경우, 우리는 부탁을 들어주지 않는 것에 대해 상대편이 죄책감을 느끼기를 바랄 때가 많다. 상대방의 "아니요."를 거절로 받아들이거나 우리의 마음을 상하게 하는 것으로 받아들인 적이 많을수록 지금 우리가 하는 부탁이 그들에게는 강요로 들릴 가능성이 더 크다.

연습문제 04

부탁 표현하기

다음 중 명확한 행동을 분명하게 부탁하고 있는 문장의 번호에 동그라미를 쳐 보자.

① "난 네가 예의 바르게 행동하기를 바란다."
② "내가 이야기할 땐 주의를 기울여 주면 좋겠어요."
③ "이 프로젝트에 대한 나의 목표를 어떻게 이해하고 있는지 말씀해 주시기 바랍니다."
④ "앞으로는 수업 준비를 잘하기 바란다."
⑤ "오늘 너랑 하진이 사이에 무슨 일이 있었는지 시간 내서 얘기할 생각이 있는지 알고 싶어."
⑥ "좀 더 열심히 했으면 좋겠다."
⑦ "앞으로 5분 안에 너희들이 쓰던 자료들을 모두 치워 줬으면 좋겠다."
⑧ "네 마음에 있는 것을 그 아이한테 말로 표현했으면 좋겠어."
⑨ "내 설명을 잘 이해하지 못할 땐 언제든 손을 들어 주면 좋겠다. 그러고 싶지 않은 사람 있니?"
⑩ "공정한 경기를 하기 바란다."

〈연습문제 04〉에 대한 나의 의견

1. 이 번호에 동그라미를 쳤다면, 우리의 의견은 일치하지 않는다. '예의 바르게 행동하기'는 구체적인 행동을 명확히 나타내는 표현이 아니다. 말하는 이가 이렇게 표현했더라면 좋았을 것이다. "내가 질문할 땐 대답을 하고, 대답하기 싫을 땐 왜 싫은지 말해 줄 수 있겠니?"

2. 이 번호에 동그라미를 쳤다면, 우리의 의견은 일치하지 않는다. '주의를 기울이다'는 구체적인 행동을 명확히 나타내는 표현이 아니다. 말하는 이가 이렇게 표현했으면 좋았을 것이다. "내가 지금 하고 싶은 말을 하고 나면, 들은 대로 다시 말해 줄 수 있겠어요?"

3. 이 번호에 동그라미를 쳤다면, 말하는 이가 부탁하는 바를 명확하게 표현하고 있다는 점에 대해 우리의 의견이 일치한다.

4. 이 번호에 동그라미를 쳤다면, 우리의 의견은 일치하지 않는다. "수업 준비를 잘 하기"라는 말은 구체적인 행동을 명확히 나타내는 표현이 아니다. 말하는 이가 이렇게 표현했더라면 좋았을 것이다. "다음부터는 시작종이 울리기 전에 웃옷과 책가방을 치우고 자리에 앉아 있을 수 있겠니?"

5. 이 번호에 동그라미를 쳤다면, 말하는 이가 부탁하는 바를 명확하게 표현하고 있다는 점에 대해 우리의 의견이 일치한다.

6. 이 번호에 동그라미를 쳤다면, 우리의 의견은 일치하지 않는다. '더 열심히 하다'는 구체적인 행동을 명확히 나타내는 표현이 아니다. 말하는 이가 이렇게 표현했더라면 좋았을 것이다. "이 과제를 끝마칠 때까지 내가 어떻게 도와주면 네가 이 일에 집중할 수 있을지 말해 줄래?"

7. 이 번호에 동그라미를 쳤다면, 말하는 이가 부탁하는 바를 명확하게 표현하고 있다는 점에 대해 우리의 의견이 일치한다.

8. 이 번호에 동그라미를 쳤다면, 우리의 의견은 일치하지 않는다. '말로 표현하다'는 구체적인 행동을 명확히 나타내는 표현이 아니다. 말하는 이가 이렇게 표현했더라면 좋았을 것이다. "네가 좋아하지 않는 어떤 일을 그 애가 했는지, 그래서 네가 어떻게 느끼고 너의 어떤 욕구가 충족되지 못했는지를 그 애한테 말해 볼 수 있겠니?"

9. 이 번호에 동그라미를 쳤다면, 말하는 이가 부탁하는 바를 명확하게 표현하고 있다는 점에 대해 우리의 의견이 일치한다.

10. 이 번호에 동그라미를 쳤다면, 우리의 의견은 일치하지 않는다. '공정하게 하다'는 구체적인 행동을 명확하게 나타내는 표현이 아니다. 말하는 이가 이렇게 표현했더라면 좋았을 것이다. "모든 사람이 한 번씩 다 해 볼 때까지 한 사람이 한 번씩만 하자는 데 동의할 수 있겠니?"

과정이 곧 목표다

비폭력대화의 목적은 다른 사람들의 행동을 바꾸거나 단순히 우리가 원하는 것을 얻는 데에 있지 않다. 우리는 다른 사람들이 기꺼이, 그리고 너그러운 마음으로 그렇게 할 수 있는 경우에만 우리 부탁에 "예."라고 답하기를 바란다.

비폭력대화의 목적은 모든 사람의 욕구가 충족되도록 하는 데 필요한 질적인 연결을 만드는 것이기 때문에, 비폭력대화를 할 때 우리는 다른 사람들이 그저 우리가 원하는 대로만 해 주기를 바라지는 않는다. 그리고 우리가 질적인 관계의 본바탕인 솔직함과 공감에 기초해서 말하고 있으며 모든 사람의 욕구를 충족하는 것이 우리의 목표라는 점을 사람들이 믿게 될 때, 사람들은 우리의 부탁은 부탁이지 강요가 아니라는 것을 신뢰할 수 있게 될 것이다.

교실 환경을 바꾸고 싶었던 교사도 책상을 옮기지 않겠다는 학생을 기꺼이 이해하려는 마음을 가졌더라면, 그 학생이 시력이 나빠서 앞쪽의 자기 자리에 계속 앉고 싶어 한다는 것을 알게 되었을지도 모른다. 그렇게 대화를 나누는 동안에 다른 학생이 자기 책상을 옮겨 화석 전시용 테이블을 놓을 수 있도록 했을 수도 있다. 그러면 모든 사람의 욕구가 충족되고, 아무도 비난받거나 죄책감을 가지지 않아도 된다.

강요에 관한 설득력 있는 교훈 몇 가지를 우리 아이들로부터 배웠다. 나는 아이들에게 강요하는 것이 아버지로서 나의 역할이라고 생각해 왔다. 그런데 우리 아이들이 나한테 가르쳐 준 것은, 내가 무엇이든 강요할 수는 있어도 강제로 시킬 수 있는 것은 아무것도 없다는 것이었다.

내가 할 수 있는 것이라고는 기껏해야 '아빠가 하라는 대로 할걸.' 하고 아이들이 후회하게 만드는 것이었다. 그런데 내가 바보스럽게도 그렇게 행동할 때면, 아이들은 '저 애들한테 그렇게 하지 말걸.' 하며 나를 후회하게 만들었다. 자기는 부모니까, 교사니까, 교장이니까 다른 사람들을 변화시켜서 말 잘 듣게 만드는 것이 자기 일이라고 생각하는 사람들을 부끄럽게 만든 교훈이었다.

우리가 무슨 말을 하건 강요로 들릴 수 있다

우리가 강요하지 않고 비판하지 않으면서 대화하려고 노력해도 그것을 강요와 비판으로 듣는 사람이 있다. 특히 우리가 힘 있는 지위에 있을 때, 과거에 위압적인 방식으로 권위를 행사한 사람들을 겪은 적이 있는 대화 상대방은 우리의 말을 강요로 받아들이기 쉽다.

실례를 들어 보자. 한 고등학교 이사회에서 나를 초청했다. 교사들이 원하는 대로 협조하지 않는 학생들과 대화할 때 비폭력대화가 어떻게 적용될 수 있는지 교사들에게 시범을 보여 달라고 했다. 나는 교직원들과 학교 행정가들이 '사회적·정서적 부적응아'라는 꼬리표를 달아 놓은 학생 40명을 만나기로 되어 있었다.

지금까지의 내 경험으로 보면, 사람들에게 그런 꼬리표를 붙여 주면 그들은 우리가 걱정하는 바로 그 행동을 하기 마련이다. 그들을 대하는 우리의 태도가 그들로 하여금 그런 행동을 하게끔 몰아가는 것이다. 그리고 그런 행동이 나타나면 우리는 그것을 우리의 진단이 정확하다는 확실한 증거라면서 사례로 제시한다.

여러분이 학생인데 자기한테 '사회적·정서적 부적응아'라는 낙인이 찍혔다는 사실을 안다면, 어떤 말을 듣건 어찌 반항하지 않겠는가? 따라서 내가 교실에 들어갔을 때 학생들 중 절반가량이 창밖으로 몸을 내밀고 운동장에 있는 친구들에게 소리 지르며 서로 욕을 하고 있는 것을 보고도 놀라지 않았다.

나는 부탁하는 말로 대화를 시작했다.

"자, 모두 제자리로 돌아와 앉아 주세요. 내 소개도 하고, 내가 오늘 여러분들과 뭘 할 건지 말하고 싶으니까요."

학생들 가운데 절반가량이 자기 자리로 돌아왔다. 혹시 내 말이 모두에게 다 들리지 않았나 싶어서 다시 부탁했다. 그러자 두 명만 빼고 나머지 학생들도 하나 둘씩 자리로 돌아왔다. 그 두 명은 반에서 몸집이 제일 큰 학생들로, 여전히 창문가에서 미적거리고 있었다.

그 두 사람을 향해서 내가 말했다.

"미안하지만, 내가 뭐라고 말했는지 들은 대로 말해 줄래요?"

한 학생이 험악한 눈초리로 나를 노려보더니 콧방귀 뀌며 말했다.

"우리보고 자리로 돌아가 앉으라면서요."

난 속으로 생각했다.

'아하, 내 부탁을 강요로 들었군.'

그래서 그에게 말했다.

"선생님……"(그 학생처럼 이두박근이 발달한 사람에게는, 그 우람한 이두박근에 문신까지 새겨져 있을 때에는 특히 더, 선생님Sir이라고 불러 주어야 한다는 것을 난 알고 있었다.) "선생님한테 뭘 하라고 강요하는 게 아니라 부탁하고 있다는 내 마음을 전하려면 내가 어떻게 말하면 되는지 말씀해 주시겠습니까?" 그는 "뭐라구요?"라고 되물었다. 권위적인 사람에게서 강요하는 말을 듣는 데 익숙한 그가 내 부탁을 강요가 아닌 부탁으로 듣기란 쉽지 않았을 것이 분명하다.

그래서 나는 표현을 달리해 보았다.

"어떻게 말해야 이래라저래라 한다는 느낌을 주지 않으면서 내가 바라는 것을 전달할 수 있을까요?"

그 학생은 내가 한 말에 대해 잠시 생각하더니 이렇게 대답했다.

"내가 그걸 어떻게 알아요."

그래서 나는 이렇게 말했다.

"바로 지금 우리 사이에서 일어나고 있는 일이 오늘 우리가 이야기하려는 것을 보여 주는 좋은 예입니다. 다른 사람들에게 이래라저래라 하지 않으면서도 자기가 하고 싶은 말을 할 수 있다면, 사람들이 서로 훨씬 더 재미있게 지낼 수 있을 거라고 생각합니다. 그래서 내가 하고 싶은 말을 하면서도 '시키는 대로 하지 않으면 혼내 주겠다.'라는 뜻으로 하는 말이 아니라는 것을 당신이 믿게 하려면 어떻게 말해야 하는지 알고 싶습니다."

다행히도 그는 내 말뜻을 이해하는 것 같아 마음이 놓였다. 그 학생과 그의 친구는 그룹에 합류했고, 우리는 아주 보람 있는 하루를 보냈다.

우리의 부탁이 강요가 아니라 진정한 부탁이라는 것을 다른 사람이 믿을 수 있도록 도와줄 수 있다. 기꺼이 들어줄 수 있을 때에만 우리의 부탁을 들어 달라는 뜻에서 의문형으로 표현하는 것도 한 방법이다. "판서한 것 좀 지워."라고 하기보다는 "판서한 것 좀 지워 줄래?" 하고 물어보는 것이다. 하지만 부탁이 강요가 아니라는 점을 전달하는 가장 효율적인 방법은, 사람들이 우리의 부탁을 들어주지 않을 때 그들에게 공감해 주는 것이다.

『허클베리 핀』을 좀처럼 읽지 않으려고 했던 학생 이야기로 돌아가 보자. 당신은 "난감했다."라고 그 학생에게 말했다.(실망했을 수도 있지만, 좀 더 중립적인 "난감했다."가 죄책감을 안겨 주려고 한다는 인상을 덜 줄 수 있을 것 같다.) 그리고 그가 공부하는 데 도움을 주고 싶지만, 책을 읽지 않으면 배울 수 없다는 말도 했다. 자, 이제 어떻게 부탁하면 좋을지가 당신 머릿속에 떠오른다. 구체적으로 명확하게 현재형으로, 강요가 아닌 부탁을 하자.

"『허클베리 핀』을 읽지 않는 이유가 무엇인지 말해 줄 수 있겠니?"

지금까지 NVC 모델의 전반부를 다루었다. 삶을 풍요롭게 하는 언어로 말하기에 관한 내용이다. 다음의 나머지 반은 삶을 풍요롭게 하는 듣기에 관한 내용이다. 이제 여러분은 학생이 『허클베리 핀』은 재미없다고 할 때 어떻게 말하면 좋을지 알게 되었다.

교육 현장에서의
NVC

모두가 재미있기

한 교사가 6세에서 8세 사이의 어린이 15명에게 방과 후 프로그램으로 비폭력대화를 가르치고 있었다. 그 그룹은 매일 방과 후에 학교 체육관에 모인 뒤 처음 20분 동안은 간식을 먹으면서 이야기도 나누며 함께 놀았다. 그런 다음 교사는 재미있게 놀면서 NVC 기술을 익히게 해 줄 활동이나 놀이를 소개했다.

어느 날, 어린이들은 협동놀이를 하고 있었다. 각자 콩 주머니 하나씩을 머리에 얹고서 음악에 맞춰 체육관 벽을 따라 빨리 걷는 놀이다. 이때 머리에 얹은 콩 주머니를 떨어뜨리면 안 된다. 콩 주머니를 떨어뜨리면 움직이지 말고 그 자리에 멈추어 서 있어야 한다. 떨어뜨린 콩 주머니를 자기가 직접 주울 수는 없지만, 다른 사람이 주워서 머리에 얹어 주면 다시 움직일 수 있다. 한동안 이렇게 놀고 있는데, 두 아이가 다른 아이의 머리 위에 있는 콩 주머니를 쳐서 떨어뜨리기 시작했다. 그러자 다른 모든 아이들도 서로 경쟁이라도 하듯 뛰어다니며 다른 아이의 머리에서 콩 주머니를 떨어뜨리기 시작했다.

교사는 몹시 낙심했고 또 불안하기도 했다. 교사는 질서가 지켜지고 모두가 안전하게 놀기를 바랐던 것이다. 그래서 소리쳤다.

"지금 당장 모두 바닥에 동그랗게 앉아 주겠니?"

어린이들 중 절반가량이 바닥에 그려 놓은 원으로 와서 앉았지만, 다른 아이들은 계속 뛰어다녔다. 그뿐 아니라 점점 더 빨리 뛰면서 콩 주머니를 서로 던지기까지 했다.

"당장 그만둬!"
교사는 아까보다 더 크게 소리쳤다.
"당장 자리에 앉으라니까!"

학생들이 원을 따라 둘러앉는 동안 션이라는 일곱 살짜리 아이가 선생님에게 다가와 이런 대화를 나누었다.

션	메리 선생님, 화나셨죠?
교사	(놀랍기도 하고 또 자기 말을 들어주는 것이 고맙기도 해서) 그래, 션. 난 지금 몹시 실망스러워. 네가 그걸 알아주니 마음이 따뜻해지는구나. 궁금하네. 내가 화가 나 있다는 것을 어

	떻게 알았니?
션	바닥에서 콩 주머니를 홱 집어 드시는 걸 보고 알았어요.
교사	(웃으며) 그래서 틀림없이 내가 화가 났을 거라고 생각했구나?
션	네.
교사	그래, 그렇게 알아주니 도움이 되는구나. 벌써 화가 많이 풀리는걸.

그런 다음 교사는 모든 아이들에게 조용히 해 달라고 부탁했다.

교사	(이제는 원을 그리며 앉아 있는 모두를 향해) 조금 전 내가 너희들에게 그만하고 자리에 와서 앉으라고 소리쳤을 때 난 많이 실망하고 있었단다. 나는 우리가 다 함께 놀면서 배우기를 바랐는데, 방금 있었던 일은 나한테는 재미없었어. 무엇보다도, 누가 다치지나 않을까 걱정스러웠기 때문이야. 내가 지금까지 한 말을 들은 대로 나한테 말해 줄 사람?
학생 1	우리가 서로를 다치게 할지도 모른다는 생각을 하셨다고요.
학생 2	그래서 실망하셨다고 하셨어요.
교사	그렇게 들었다니 고맙구나. 내 말을 들어 줘서 정말 기분이 좋다. 그리고 션도 고맙다. 나한테 와서 화가 났냐고 물어봐 줘서 말이야. 잠시 화가 꽤 났었어. 지금은 많이 풀리기는 했지만……, 그래도 난 너희들이 다치지 않고 다 함께 더 재미있게 놀 수 있는 방법을 찾고 싶어. 조금 전 그 놀이를 하면서 어떤 경험을 했는지 말해 줄래?

학생 3	재미있었어요. 더 놀고 싶었어요.
학생 4	네. 아무도 안 다쳤잖아요.
학생 5	네가 내 머리를 쳤을 때 아팠어.
학생 4	아프지도 않았으면서.
교사	그렇다면 몇 사람은 재미있었는데, 몇 사람은 재미없었던 것 같네. 맞니?

다들 머리를 끄덕인다.

교사	모두가 재미있으면서 다 같이 안전하게 놀 수 있는 방법을 찾아보자. 어떻게 하면 좋을지, 누구 좋은 생각이 있는 사람?

교사와 학생들은 남은 시간 동안 다 같이 재미있고 안전하게 놀 수 있는 방법을 의논하면서 보냈다. 자주 있는 일이지만, 교사가 미리 계획을 세워 놓은 놀이보다는 재미있게 놀 수 있는 방법을 학생들과 같이 찾으면서 하는 수업 쪽이 모두에게 좀 더 유익한 배움의 기회를 제공한다. 다음번에는 세 가지 다른 방식으로 해 본 다음에 어느 쪽이 모두의 욕구를 제일 잘 충족시킬지 알아보기로 하고 그날 수업을 마쳤다.

제3장

공감으로 듣기

신체의 모든 기능을 비우면
온 존재가 귀를 기울인다.
바로 눈앞에 있으나, 귀로만 듣거나
머리만 써서는 절대로 이해할 수 없었던 것을 명백하게
직접 파악하게 된다.

공감Empathy

이 장에서는 사람들이 표현하는 메시지를 공감으로 들으며 삶을 풍요롭게 하는 방법을 검토해 보려고 한다. 공감은 특별한 종류의 이해로, 지적 이해나 동정sympathy과는 혼동하지 말아야 한다. 상대와 공감하려면 온 존재로 귀 기울여야 하며, 장자가 말한 것처럼 들어야 한다.

귀로만 듣는 듣기가 있고, 이해하며 듣는 듣기가 있다. 그러나 상대의 영혼을 듣는 것은 신체의 어느 기능, 귀 혹은 머리로 듣는 것이 아니다. 따라서 상대의 영혼을 들으려면 모든 기능을 비워야 한다. 신체의 모든 기능을 비우면 온 존재가 귀를 기울인다. 바로 눈앞에 있으나, 귀로만 듣거나 머리만 써서는 절대로 이해할 수 없었던 것을 명백하게 직접 파악하게 된다.

— 토머스 무어Thomas Moore의 『장자』

공감의 한 가지 요소는 지금 상대방이 느끼고 있는 것, 필요로 하는 것과 온전히 함께 있는 것이다.

이때는 진단이나 해석의 안개 속에서 길을 잃고 헤매지 않는 것이 중요하다. 그러려면 상대편 말에 귀 기울이는 척하면서 마음은 분석이라는 길로 빠지지 않는 것이 중요하다. 우리는 어떤 만화에 나오는 그 사람처럼 되고 싶지 않다. 그 사람은 자기 친구가 "내가 너한테 이야기할 때 넌 내 말을 귀담아듣지 않는 것 같아."라고 하자, "맞아, 네가 지금 하고 있는 말을 듣는 것보다는 네가 한 말에 대해서 내가 할 말을 생각하는 게 더 재미있거든." 하고 대답한다.

또, 자신을 비우고 온전히 함께 있어 주려면 말하는 사람에 대해 우리가 품고 있을지 모르는 모든 선입견이나 판단을 의식에서 깨끗이 떨쳐 버릴 필요가 있다. 감정을 억누르거나 참으라는 말이 아니다. 말하는 사람의 느낌에 완전히 집중할 때에는 우리 자신의 반응이 개입하지 않게 된다는 말이다.

다음과 같이 유추해 보면, 공감이 요구하는 집중이 무엇인지 명확하게 알 수 있다. 두통이나 치통처럼 몸에 통증이 있는데도 책 읽기에 몰입했던 때를 회상해 보자. 통증은 어찌 되었는가? 더는 고통을 느끼지 않았을 것이다. 읽고 있는 책에 몰입하는 순간, 통증을 억누르지 않았는데도 고통을 느끼지 않게 된다. 무엇엔가 공감하는 순간,

우리의 주의력은 상대의 느낌과 욕구에 완전히 몰입하여 그 사람에 대한 다른 생각을 의식하지 못하게 된다.

통증에 대한 유추는 공감과 동정의 차이를 명확히 아는 데에도 도움이 된다. 누군가에게 "그렇게 아프다는 말을 들으니 내 마음이 아프다."라고 말하는 순간에는 상대의 아픔에 공감으로 연결되지 않고 있다. 상대의 아픔에 자극받아 느끼는 자신의 아픔만 표현하고 있기 때문이다. 이것은 공감이 아니라 동정이다. 동정적인 반응도 때만 잘 맞으면 상대방에게 좋은 선물이 될 수 있다. 먼저 공감으로 연결하고 나서 동정적인 반응을 보이면 상대와 깊이 연결할 수 있는 것이다. 하지만 상대가 공감을 필요로 하는데 동정의 반응을 보인다면 연결이 끊어질 수 있다.

들은 대로 다시 말해 주기

공감의 한 부분이 상대방의 말을 집중해서 듣는 것이라면, 다른 한 부분은 내가 제대로 들었는지 확인하는 것이다. "당신은 내가 한 말 그 자체를 이해한 것이 아니라, 내가 한 말이라고 당신이 생각하는 것을 믿고 있다는 것을 난 압니다. 그러나 당신이 들은 것은 내가 하려고 했던 말이 아니라는 사실을 의식하고 있는지 잘 모르겠네요." 어느 워크숍에서 한 교사가 출처를 알 수 없는 이 인용문을 나에게 주었다. 나는 그 문구가 마음에 들었다. 상대편이 무슨 말을 하려는 건지 모르면서도 그 사람의 의도를 정확히 안다는 확신을 가질 수 있다는 사실을 일깨워 주는 말이었기 때문이다. 말하는 이의 느낌과 욕구에 대해 우리가 이해한 것을 말해 보는 것은, 자신이 제대로 이해하고 있는지 아닌지를 검증할 수 있는 한 가지 방법이다.

따라서 집에 가고 싶다며 우는 유치원 아이에게 "엄마가 보고 싶니? 엄마랑 집에 있고 싶어서 그래?"라고 물었을 때, "아뇨! 어제 새 둥지를 하나 찾았는데, 집에 가서 그걸 가져다가 모두에게 보여주고 싶어요."라는 대답을 듣게 될지도 모른다.

상대방에게서 들은 이야기를 들은 그대로 다시 말해 주는 이유는 두 가지다. 첫째, 우리가 상대편의 느낌과 욕구를 정확하게 이해했는지 확인하는 것이다. 상대방이 표현하려 한 내용을 우리가 제대로 이해하지 못했다면, 우리가 들은 대로 다시 말할 때 상대가 그것을 바로잡아 줄 수 있다. 둘째, 자기 말을 이해하려는 우리의 노력을 상대편이 인정해 주리라는 것을 우리는 알기 때문이다.

이처럼, 말로 공감을 표현할 때 우리는 상대방의 느낌과 욕구를 정확히 말한다기보다는 그 사람의 느낌과 욕구에 대한 우리의 추측을 말하는 것이다. 우리의 추측이 실제와 다르면 상대방이 바로잡도록 하면 된다. 우리의 의도는 상대편의 내면에서 일어나는 일을 본인보다 우리가 더 잘 알고 있는 것처럼 보이려는 데 있지 않다.

설령 우리가 공감해 주려는 사람이 아무 말도 하지 않더라도 이 점은 마찬가지다. 따라서 운동장 한구석에 혼자 서 있는 아이에게 다가가 "넌 친구들과 놀고 싶은데 다른 아이들이 너랑 놀아 주지 않아서 심심해?" 하고 물어볼 수는 있다. 그러나 마치 그 아이 마음을 다 아는 것처럼 "너, 친구들하고 같이 놀고 싶은데 그러지 못해서 심심하구나."라고 말하지는 않는다.

때로 공감은 말이 아닌 다른 것으로 전달될 수도 있다. 그때는 들은 것을 다시 말해 줄 필요가 없다. 다른 사람들 안에서 생동하는 것과 온전히 하나가 되어 같이 있을 때, 우리 얼굴에는 마음속으로 그 사람을 분석하거나 다음에 무슨 말을 할까 생각하고 있을 때와는 다른 표정이 나타난다. 어떻게 표현되건, 공감은 누군가가 판단하지 않으면서 우리 말을 진심으로 들어 주고 있다는 것을 느끼고 싶은, 인간의 아주 깊은 욕구에 가닿는다.

상대방이 표현하는 느낌과 욕구에 공감으로 연결한 다음에는 그들이 우리에게 무엇을 부탁하고 있는지 분명하게 이해하려고 노력한다. 말하는 이가 빨리 부탁으로 옮겨 가려 할 때가 종종 있다. 하지만 처음에 표현했던 느낌과 욕구 뒤에 다른 느낌과 욕구가 있을 수 있으며, 따라서 부탁으로 옮겨 가기 전에 더 많은 공감이 필요할 수도 있다. 예컨대, 심심해 보이던 앞의 아이는 방금 전에 반 친구와 싸워서 겁이 나거나 화가 난 것일 수도 있다.

말하는 이가 부탁의 말로 옮겨 갈 준비가 되었다는 것을 보여 주는 두 가지 신호가 있다. 첫 번째 신호는 사람들이 필요한 공감을 충분히 받았을 때 느끼는 안도감인데, 대개는 그 안도감을 우리도 느낄 수 있다. 두 번째 신호는 좀 더 확실한데, 그 사람이 말하기를 멈추는 것이다. 그렇다 하더라도, 그들이 부탁의 말로 옮겨 가기 전에 "더 말하고 싶은 게 있나요?"라고 묻는 것이 해가 되지는 않을 터이다.

부탁을 귀 기울여 듣기

공감을 받은 후에 사람들은 우리에게 어떤 부탁을 할까? 자신들이 한 말에 대해 우리가 어떻게 생각하는지 몹시 알고 싶을 때도 있을 테고, 어떤 때는 자기가 표현한 욕구를 충족시켜 주기 위해 우리가 기꺼이 어떤 행동을 취할 의향이 있는지를 알고 싶기도 할 것이다. 그에 관한 정보를 얻는 한 가지 방법은 그들이 무슨 부탁을 하고 싶은지 짐작해 보고, 우리의 짐작이 정확한지 확인해 보는 것이다. 따라서 우리는 심심해하던 앞의 아이에게 이렇게 물어볼 수 있다.

"같이 놀 친구 찾는 걸 내가 도와주면 좋겠니?"

다른 사람의 느낌이나 욕구, 부탁이 무엇인지 짐작할 수 없다면 우리에게 말해 달라고 요청하면 된다.(예컨대, 심심해하는 그 아이에게 이렇게 물어볼 수 있다. "뭐가 잘 안 돼? 나한테 말해 줄래?") 하지만 자기의 느낌이나 욕구, 부탁을 명확하게 표현할 만한 언어 능력이 부족한 사람이 많다. 그래서 가능한 한 상대의 느낌과 욕구를 추측해 본 후에 내가 정확하게 짐작했는지 확인해 보는 쪽이 더 도움이 된다는 사실을 나는 깨달았다.

공감으로 연결하기

교사들이 학생들과 공감으로 연결하는 능력을 기르는 것을 돕기 위해 나는 학생 역할을 자주 한다. 왜 숙제를 다 해 오지 않았느냐고 물으면, "이런 숙제 하는 거 싫어요. 너무 재미없단 말이에요. 다른 거 하고 싶어요."라고 말하는 학생 역할을 해 본다. 그러면 교사들은 "그런 것에 공감하는 건 실없는 짓이에요. 그 학생의 느낌과 욕구는 뻔하잖아요."라고 말하기도 한다. 그럴 때 나는 그 교사에게 (학생 역할을 맡은) 내가 한 말에 공감해 봄으로써 그런 추측이 맞는지 틀리는지 확인해 보라고 제안한다. 그러면 그 교사는 공감하려고 애쓰면서 이렇게 말한다. "그래, 너는 조금이라도 귀찮은 건 뭐든 하기 싫다는 거로구나." 이 대목에서 나는, 그런 반응은 학생의 느낌과 욕구를 선생님 머리로 해석하는 것이지 학생의 느낌과 욕구에 공감으로 연결하려고 시도하는 것이 아니라는 점을 지적해 준다.

그리고 우리는 다시 해 본다. 나는 (학생 역할로 돌아가서) "이거 하기 싫어요. 너무 재미없단 말이에요. 다른 걸 하고 싶어요."라고 같은 말을 반복한다. 이번에는 교사가 이렇게 말할 수도 있다. "아, 오늘은 네가 하고 싶은 건 뭐든 하게 해 주었으면 좋겠다는 말이구나." 그럴 때 나는 교사가 학생의 부탁과 욕구를 혼동하고 있다는 점을 지적한다. 그리고 욕구란 특정한 사람이 특정한 행동을 취하는 것과는 관계가 없음을 교사에게 상기시킨다.

이런 식으로 네댓 차례 해 본 후에야 교사가 학생의 느낌과 욕구를 정확하게 말할 수 있게 되는 것이 보통이다.

다음은 "이거 하기 싫어요. 너무 재미없단 말이에요. 다른 걸 하고 싶어요."라는 메시지에 교사가 공감하는 대신에 흔히 보이는 몇 가지 반응이다.

정당화하기 또는 설명하기	"이건 아주 중요한 숙제야. 대학에 가고 싶다면 해야 해."
캐묻기	(상대방의 느낌과 욕구와 무관한 정보를 얻으려는 질문) "그게 왜 그렇게 재미없는데?"
제대로 이해했는지 확인해 보지 않고 이해한다고 말하기	"나도 이해해." 또는 "나도 그렇게 느끼곤 했단다."
사과하기 혹은 동정하기	"그런 숙제를 내줄 수밖에 없어서 미안하다." 또는 "네가 그렇게 느낀다니 안타깝구나."
판단하기	"바보 같으니라고. 『허클베리 핀』은 고전이야."
동의하기	"나도 그래. 나도 그 책을 좋아해 본 적이 없어."
동의하지 않기	"난 안 그런데. 『허클베리 핀』은 내가 제일 좋아하는 책이야."
해석하기	"너, 그냥 숙제 안 하려고 꾀부리는 거지?"
충고하기	"그냥 읽어 봐. 네 마음이 변할지도 모르니까."

자기 문제로 만들기	"『허클베리 핀』에 흥미를 못 느끼게 하다니, 난 정말 형편없는 선생인가 보다."
문제 해결로 직접 가기	"어떻게 하면 네가 좀 더 흥미를 가지게 될까?"

마침내 교사는 이렇게 말할 수 있게 될 것이다.
"그래, 넌 『허클베리 핀』을 읽는 게 재미없고 끝까지 다 읽기가 힘이 드니?"
"네, 말도 엉터리예요."
"사투리가 나오는 부분에서 좀 지겨운가 보구나."
"네, 어떤 말은 무슨 뜻인지도 모르겠어요."
"그래서 좌절감을 느끼니? 도움이 좀 필요해?"

공감에 대해 교사들이 자주 제기하는 우려가 하나 있다. 교사가 학생의 느낌과 욕구를 그대로 다시 말해 주면, 학생이 자기 생각과 느낌에 교사가 동의한다고 여기지 않겠느냐는 것이다. 이런 질문이 나오면 나는 공감적 이해와 동의는 다르다는 점을 분명히 하려고 애쓴다. 그리고 학생의 느낌과 욕구에 동의한다는, 또는 그것을 묵인하거나 심지어 좋아한다는 인상을 주지 않으면서 그것을 이해한다는 점을 표현할 수 있는 방법을 보여 준다.

교사들은 또, 수업을 진행하다 보면 시간에 쫓기기 쉬운데 학생들에게 공감해 주려 애쓰다 보면 알맹이가 없는 긴 토론에 빠져 시간을 허비하게 되지 않겠느냐고 걱정한다. 이렇게 묻는 교사가 많다. "수업 시간에 한 학생에게 공감해 줄 동안 다른 학생들은 뭘 하죠?" 그러나 공감은 시간 낭비가 아니라 오히려 시간을 절약하는 과정이 될 수 있다.

내가 아는 노사 협상 사례 연구들에 따르면, 한 가지 간단한 규칙만 지켜진다면 분쟁을 해결하는 데 걸리는 시간을 상당히 단축할 수 있다. 그 규칙이란, 노사 참석자가 상대편의 말을 반박하기 전에 바로 앞 사람이 한 말을 그대로 반복하는 것이다.

나는 교실에서도 그와 똑같은 일이 일어나고 있다는 사실을 알게 되었다. 교사가 강요하기보다는 이해하고 싶어 한다는 것을 학생들이 알게 되면, 학생들의 태도가 협조적으로 바뀌어 문제 해결이 더 빨라질 수 있다. 그래서 "교실에서는 학생들이 할 일을 교사가 말해 주어야 해요. 그런데 내가 한 아이를 이해한다는 것을 보여 주는 데 시간을 다 쓸 수는 없잖아요."라고 말하는 교사들에게 나는, 학생들에게 할 일을 일러 주느라 같은 말을 하고 또 하면서 교사가 얼마나 많은 시간을 허비하고 있는지 상기시키곤 한다. 흔히 그렇듯, 처음부터 학생의 느낌과 욕구를 충분히 이해하는 데 들이는 시간보다, 말 안 듣는 학생에게 할 일을 되풀이해 말하는 데 드는 시간이 더 많다.

교사들이 상대방의 말을 앵무새처럼 따라 하거나 거울처럼 그대로 되풀이하는 것을 공감하기와 혼동할 때가 많다. 공감하는 과정은 외국어를 모국어로 번역하는 과정과 비슷하다. 번역의 목적은 원래 메시지의 정확한 의미를 파악한 다음에 그것을 좀 더 친숙한 말로 옮기는 것이다. 그와 마찬가지로, 공감하기의 목적은 표현되고 있는 메시지를 느낌과 욕구로 번역하는 것이다.

상대방이 자신의 느낌과 욕구를 표현하고 있다면 그 사람이 쓴 말의 일부나 대부분을 그대로 옮기게 될 수도 있다. 물론 어떤 말을 쓰느냐보다는 그 말을 하는 의도가 훨씬 더 중요하다. 우리의 목적은 다른 사람과 공감으로 연결하는 것이다. 때로는 말 한마디 없이 표정으로, 아니면 어깨에 가볍게 손을 얹는 것만으로도 공감을 전달할 수 있다.

비폭력대화의 원칙을 바탕으로 학교를 변화시킨 교장 선생님이 있는데, 그분이 이런 이야기를 들려주었다.

어느 날 점심을 먹고 돌아오는 길에 초등학생인 밀드레드가 풀이 죽은 채 심각한 표정으로 내 사무실 앞 의자에 앉아 나를 기다리고 있는 것을 보았어요. 내가 옆에 앉자 그 아이가 입을 열더군요.
"앤더슨 선생님, 일주일 내내 뭔가 할 때마다 누군가에게 상처만 준 적 있으세요? 그럴 마음은 전혀 없었는데 말이에요."
"그럼, 있지. 무슨 말인지 알 것 같다."
내가 대답하자 밀드레드는 한 주일 동안 있었던 일들에 대해 조금씩 털어놓았어요. 동생과 있었던 일, 반 친구들이나 선생님과 있었던 일들을요. 나는 그때 중요한 회의가 있었는데, 이미 늦었고 코트도 벗지 않은 채였죠. 또 회의실에서 나를 기다리고 있는 사람들이 걱정되기도 했어요. 그래서 내가 물었죠.

"밀드레드, 내가 널 위해 뭘 해 줬으면 좋겠니?"

밀드레드는 의자에서 몸을 돌려 두 손으로 내 어깨를 잡고 내 눈을 들여다보면서 아주 단호하게 말하더군요.

"앤더슨 선생님, 선생님께 뭘 해 달라는 게 아니에요. 그냥 들어 주시기만 하면 돼요."

내 인생에서 가장 중요한 것을 배운 경험이었어요. 그 경험을 한 아이한테서 배운 겁니다. 그래서 지금은 기다리는 어른들 걱정은 하지 말자고 마음먹었어요. 밀드레드와 나는 둘만 있을 수 있는 장소인 긴 의자로 자리를 옮겼어요. 그런 뒤 그 아이가 하고 싶은 얘기를 다 할 때까지 나는 내 팔을 아이의 어깨에 두르고 있었고, 그 아이는 머리를 내 가슴에 댄 채 팔로 내 허리를 껴안고 있었답니다. 그런데 별로 오래 걸리지도 않았어요.

사람들이 자신을 표현하는 법을 모르거나 표현하지 않으려 할 때 그들과 공감으로 연결하기

불행한 일이지만, 밀드레드처럼 자신의 느낌과 욕구를 스스로 기꺼이 표현하는 학생은 많지 않다. 또한 학생들은 지금까지 지배 체제의 언어로 교육을 받아 왔기 때문에 자기네 메시지를 다양하게 위장하는 방법도 알고 있다. 그래서 나는 특히 학생이 자기를 솔직하게 표현하는 방법을 모를 때에 교사들이 그 아이들의 느낌과 욕구에 공감할 수 있기를 바란다.

다른 사람들이 느낌과 욕구를 직접 표현하지 않는 상황에서 공감하는 방법을 배울 때, 다음과 같은 말이 나에게 도움이 되었다. "나에게 공격이나 비판, 모욕으로 받아들여질 수 있는 말을 하는 사람은 충족되지 않은 욕구가 있으며, 그로 인해 힘들어하고 있다는 것을 이해해 주어야 한다." 휴 프래더Hugh Prather는 같은 생각을 이렇게 표현했다.

"누군가가 나를 비판한다고 해서 내가 달라지는 것은 전혀 없다. 그것은 나에 대한 비판이 아니라 그 사람의 비판적인 생각일 뿐이다. 그 사람이 표현하고 있는 것은 자신의 생각과 느낌일 뿐, 내 존재와는 관계가 없다."

—『나에게 쓰는 편지Notes to Myself』 (휴 프래더, 1970)

학생이 자기 느낌과 욕구를 표현하지 못할 때 교사는 공감하기 위해서 다음과 같은 메시지, 즉 강요·판단·의심·비언어적 메시지·부탁 등에 들어 있는 그들의 느낌과 그 느낌을 일으키는 욕구를 찾아내는 방법을 배울 필요가 있다.

다음은 표현되지 않은 느낌과 욕구에 대해 교사가 공감을 보여 주는 몇 가지 예이다.

[상황 1] 학생이 어떤 식으로 행동하는 것을 보고 교사가 난처함을 표현한다.

학생 메시지 "선생님 치사해요."

교사의 공감 "방금 나한테서 들은 말보다 좀 더 존중받고 싶어서 속상했니?"

[상황 2] 아침에 한 학생이 말 한마디 하지 않고 다른 아이들과 떨어져서 혼자 앉는다.

학생 메시지 교사가 보기에 학생은 고통스러운 표정으로 침묵을 지키고 있다.

교사의 공감 "기분이 언짢니? 지금 네 마음이 어떤지 이해받고 싶어?"

[상황 3] 다른 학생들이 한 학생에게 자기네를 귀찮게 하지 말라고 했다.

학생 메시지 "아무도 절 좋아하지 않아요."

교사의 공감 "다른 아이들이 널 받아 주기를 원하기 때문에 슬프니?"

[상황 4] 한 부모가 교사와 관계가 원만하지 않은 딸의 문제에 대해 이야기하자며 교사에게 면담을 요청했다.

부모 메시지 "제 딸은 다른 선생님들하고는 정말 잘 지냈어요."

교사의 공감 "몹시 걱정스러우세요? 따님이 학교에서 충분히 배려받고 있다는 확신을 갖고 싶으신 거죠?"

한번은 워싱턴의 어느 학교에서 중학교 2학년 한 그룹과 함께 작업을 한 적이 있다. 어떤 메시지를 듣든 그 뒤에 있는 느낌이나 욕구와 공감하는 방법을 아이들에게 가르치던 중이었다. 학생들에게 부모님이나 선생님, 반 친구들이 하는 말 중에서 비판으로 들리는 것들의 목록을 작성해 보고, 그 말들 뒤에 어떤 느낌과 욕구가 있는지 알아차려 보라고 했다. 그리고 비판처럼 들리는 메시지 하나하나가 사실은 어떤 노래 가사와 같은데, 이제 내가 그 노래를 불러 주겠다고 했다. 캐시와 레드 그래머Kathy & Red Grammer의 〈나를 아름답게 보아 주세요See Me Beautiful〉였다.

나를 아름답게 보아 주세요.
내 안에서 제일 좋은 것을 찾아봐 주세요.
그게 진짜 나예요
또 내가 되고 싶은 전부이고요.
시간이 좀 걸리겠죠,
찾기 힘들지도 몰라요,
그래도 나를 아름답게 보아 주세요.

나를 아름답게 보아 주세요.
매일 매일
그렇게 해 줄 수 있나요?
방법을 찾아볼 수 있나요?

내가 하는 모든 일에서
새어 나오는 찬란한 빛을 볼 수 있도록
그렇게 나를 아름답게 보아 주세요.

See Me Beautiful
Look for the best in me.
That's what I really am
And all I want to be.
It may take some time,
It may be hard to find,
But see me beautiful.
See Me Beautiful
Each and Everyday:
Could you take a chance,
Could you find a way
To see me shining through
In every thing I do
And see me beautiful.

한 달 후, 그 도시에 다시 갈 일이 있었다. 그리고 그 학교에서 온 교사 한 분과 이야기하게 되었는데, 그분은 싱긋 웃으며 말했다.
"당신이 어떤 괴물들을 만들었는지 아세요? 우리가 학생들한테 소리라도 지르려고 하면, 아이들은 어깨동무를 하고서 〈나를 아름답게 보아 주세요〉를 부른다니까요."

연습문제 05

공감으로 듣기와
공감 아닌 것으로 듣기 구별하기

B가 A의 내면에서 일어나고 있는 것에 대해 공감으로 반응하고 있다고 판단되는 문장의 번호에 동그라미를 쳐 보자.

① A(학생) "아무도 절 좋아하지 않아요."
　B(교사) "아니야, 친구들은 널 좋아해. 네가 수줍어하니까 널 잘 몰라서 그러는 것뿐이야."

② A(학생) "이 수학 문제들은 못 풀겠어요. 전 바보인가 봐요."
　B(교사) "수학을 더 잘하고 싶은데 잘 안 돼서 속상하니?"

③ A(부모) "제 딸은 저하고는 아무 말도 안 하려고 해요."
　B(교사) "따님이 하는 말을 좀 더 들어 보려고 해 보셨나요?"

④ A(교장) "학생들의 시험 성적을 올려놓아야 합니다."
　B(교사) "우리가 시험 성적을 더 올려 주지 못할 경우에 생길지도 모르는 결과를 생각하면 걱정되세요?"

⑤ A(학생) "선생님은 하늘이만 예뻐하세요."
　B(교사) "내가 그 애한테 많이 도와 달라고 해서 화가 나니?"

⑥ **A(학생)** "전 학교가 정말 지겨워요."

　B(교사) "네 기분 잘 알아. 나도 네 나이 때에는 학교를 싫어했거든."

⑦ **A(학생)** "다른 반이 우리 반보다 휴식 시간이 더 긴 건 공평하지 못하다고 생각해요."

　B(교사) "그건 그 반 아이들이 너희보다 어리기 때문이야."

⑧ **A(부모)** "선생님은 숙제를 너무 많이 내주시는 것 같아요. 저희 딸은 어떤 때는 울면서 숙제한답니다."

　B(교사) "따님의 건강과 행복이 염려스러우세요?"

⑨ **A(학생)** "그 얘긴 하고 싶지 않아요."

　B(교사) "네가 그 얘길 하지 않으면 우리가 이 문제를 어떻게 풀어 가야 할지 모르겠구나."

⑩ **A(학생)** "종이 울리지 않았으면 좋겠어요. 제 얘기를 끝낼 수가 없잖아요."

　B(교사) "이제 거의 다 끝나 가는 이야기를 마무리하고 싶기 때문에 초조하니?"

〈연습문제 05〉에 대한 나의 의견

1. 이 번호에 동그라미를 쳤다면, 우리의 의견은 일치하지 않는다. B는 A의 마음속에서 일어나고 있는 것을 공감으로 듣는 대신, A를 안심시키고 나서 분석을 하고 있는 것으로 보이기 때문이다. B가 이렇게 말했더라면 좋았을 것이다. "슬프니? 친구가 있었으면 좋겠어?"

2. 이 번호에 동그라미를 쳤다면 우리의 의견이 일치한다. B는 A가 표현하고 있는 것을 공감으로 듣고 있다.

3. 난 이 번호에 동그라미를 치지 않았다. B는 A가 표현하고 있는 것을 공감으로 듣기보다는 충고하고 있는 것으로 보이기 때문이다. B가 이렇게 말했더라면 좋았을 것이다. "따님과 더 가까이 지내고 싶어서 마음이 아프세요?"

4. 이 번호에 동그라미를 쳤다면 우리의 의견이 일치한다. B는 A가 표현하고 있는 것을 공감으로 듣고 있다.

5. B는 A가 느끼는 것을 공감으로 듣기보다는 A의 느낌에 대해 책임을 지려는 것으로 보인다. B가 이렇게 말했더라면 좋았을 것이다. "너도 도울 기회를 가지고 싶기 때문에 서운하니?"

6. B는 A의 마음속에서 일어나고 있는 것을 공감으로 듣기보다는 자기는 당연히 이해하고 있다고 여기면서 자신의 느낌에 대해 이야기하고 있는 것으로 보인다.

B가 이렇게 말했더라면 좋았을 것이다. "힘들어? 그리고 이 과목에서 도움이 더 필요하니?"

7. B는 A의 마음속에서 일어나고 있는 것을 공감으로 듣기보다는 설명하고 있는 것으로 보인다. B가 이렇게 말했더라면 좋았을 것이다. "학교에서는 모든 사람이 공평하게 대우받는다는 것을 보고 싶었기 때문에 마음이 불편하니?"

8. 이 번호에 동그라미를 쳤다면 우리의 의견이 일치한다. B는 A가 표현하고 있는 것을 공감으로 듣고 있다.

9. B는 A의 마음속에서 일어나고 있는 것을 공감으로 듣기보다는 자기 의견을 제시하고 있다. B가 이렇게 말했더라면 좋았을 것이다. "지금은 말하기 싫으니? 네 마음을 정리하는 데 시간이 좀 필요해?"

10. 이 번호에 동그라미를 쳤다면 우리의 의견이 일치한다. B는 A가 표현하고 있는 것을 공감으로 듣고 있다.

제4장

교사와 학생 사이에
협력 관계 만들기

교사와 학생이 서로 합의하여 목표를 세워 가는 과정은, 교사가 학습 영역을 추천하면서 학생이 그 영역을 계속 학습하면 어떤 욕구가 충족되리라고 예상되는지를 설명하는 것으로 시작될 수 있다. 교사가 추천한 학습 과정의 가치를 학생이 알고 그에 동의한다면 공동의 목표에 도달할 수 있다. 또는, 학생이 학습 영역을 제안하고 교사가 그것을 기꺼이 지원할 의사가 있을 때에도 공동 목표는 성립한다.

목표와 평가 기준을
설정하는 단계에서의 협력

　대부분의 학교, 즉 지배 체제의 학교에서 교사의 역할은 학생들의 행동을 통제하는 것이다. 이 통제는 학생들이 무엇을 배워야 하고 어떻게 행동해야 하는지를 교사가 잘 알고 있다는 것을 전제로 하고 있다. 교사들은 이런 생각을 기반으로 지배하는 힘power-over을 사용해 학생들의 행동을 통제하는 권한을 가진다. 그 힘을 사용하는 전략으로는 보상과 처벌, 죄책감·의무감·책임감·수치심 심어 주기 등이 있다. 학교 관리자들 또한 같은 가정에 입각하여 일방적으로 학습 목표를 세우며, 이때 대부분의 학생들이 할 수 있는 것은 복종 아니면 반항 뿐이다. 교사들도 지배하는 힘을 행사하는 것을 불편해 하면서도 효과적인 변화를 가져오는 데 무력감을 느끼고 있다. 그러나 앞으로 삶을 풍요롭게 하는 공동체를 만들어 내고 유지할 수 있도록 학생들을 준비시키고 싶다면, 학생들이 교사나 학교 관리자들과 동료 관계를 맺을 기회를 제공하자고 제안하고 싶다. 이런 협력 관계의 모델이 될 수 있는 것 중 하나가 교사와 학생이 상호 합의하에 학습 목표를 세우는 것이다.

삶을 풍요롭게 만들기 위한 목표들

상호 합의로 목표를 세우려면, 교사는 학생들에게 그들이 선택한 목표를 추구하면 그들의 삶이 어떻게 풍요로워지는지를 명확히 전달할 필요가 있다. 이 일은 아주 중요하다. 왜냐하면 삶을 풍요롭게 하는 교육에서는 교사와 학생들이 삶의 질을 높이려는 의도에 따라 행동하는 것이지, 처벌에 대한 두려움이나 외적인 보상(높은 성적이나 대학 장학금 같은)을 바라는 마음에서 행동하는 것이 아니기 때문이다. 그리고 분명, 우리에게 무엇이 좋은지는 권위자들이 알고 있다는 뜻을 내포한 어떤 명령에 따르는 것이 아니기 때문이다.

내가 주장하는 것이, 학생들이 자기가 원하는 것만, 자기가 원할 때에만 공부를 하는 학교인가? 아니다. 지배 체제를 지속시키는 것에 반대하는 것만큼이나 나는 그저 방임만 하는 것에도 반대한다.

지배 체제 교육, 자유방임 교육 그리고 삶을 풍요롭게 하는 교육의 차이는 학습 목표의 결정 방법에서 가장 명확히 드러난다.

- 지배 체제 교육에서는 학생의 동의 없이 교사가 세운 목표를 추구한다.
- 자유방임 교육에서는 교사의 동의 없이 학생의 목표를 추구한다.
- 삶을 풍요롭게 하는 교육에서는 교사와 학생이 상호 합의한 목표만 추구한다.

교사와 학생이 서로 합의하여 목표를 세워 가는 과정은, 교사가 학습 영역을 추천하면서 학생이 그 영역을 계속 학습하면 어떤 욕구가 충족되리라고 예상되는지 설명하는 것으로 시작될 수 있다. 교사가 추천한 학습 과정의 가치를 학생이 알고 그에 동의한다면 공동의 목표에 도달할 수 있다. 또는, 학생이 학습 영역을 제안하고 교사가 그것을 기꺼이 지원할 의사가 있을 때에도 공동 목표는 성립한다.

제2장과 제3장에서 다룬 NVC/비폭력대화 기술은 학생과 공동의 학습 목표에 도달하기 위해 교사가 꼭 익혀야 할 기술이다. 목표 달성에 대한 학생의 동의와 참여를 극대화하려면, 자신이 제안한 목표들이 지닌 삶을 풍요롭게 하는 특성을 진정으로 이해하고 있어야 할 뿐 아니라, 그것들이 학생의 삶을 어떻게 풍요롭게 해 줄 수 있는지를 학생에게 전달할 수 있는 능력도 갖추어야 한다.

학생이 어떤 목표를 추구하기 싫어한다면, 교사는 이러한 대화 기법들을 활용해 그 이유를 파악해서 학생이 그것에 좀 더 흥미를 느낄 수 있도록 도울 필요가 있다. 이 의사소통 과정에서 교사는 자신이 원래 제안했던 목표보다는 오히려 다른 목표가 학생에게 더 많은 도움을 줄 수 있다는 것을 깨닫게 될 수도 있다.

내가 받은 교육을 되돌아보면, 교육 전문가들이 설정한 교육 목표들은 나에게 별 도움이 되지 못했다. 그들이 제시한 교과의 대부분이 의미 있을 만큼 내 삶을 풍요롭게 해 주지 못했다. 지금 와서 생각해 보면, 그들이 나를 위해 선택해 준 교과보다는 내 삶에 더 도움이 되리라고 믿고 더 즐거운 마음으로 공부했을 만한 교과가 꽤 있었다.

물론 교사와 학생이 학습 목표를 설정하도록 지원하는 학교에서는 양자가 합의해 목표를 세우기가 훨씬 쉽다. 그런데 학교 관리자가 이미 교과 과정을 세워 놓았다면, 교사와 학생에게는 두 가지 대안이 있다. 하나는 그것을 무시하기로 합의하는 것이다. 하지만 이 방법은 부정적인 결과(예컨대, 나쁜 학력고사 성적)를 감수해야 한다. 다른 하나는 교과 과정을 따르기로 합의해 부정적인 결과를 피하는 것이다. 이때는 정해진 교과 과정을 가르치고 배우는 데 필요한 창의적인 방법들을 찾아내야만 한다.

학생에게는 항상 선택권이 있다

목표 설정 과정에 학생들을 동료로 참여시키는 것이 생각만큼 급진적인 것은 아니다. 자기 목표를 정하는 일에 학생이 동료로 참여할 권리가 인정되든 안 되든 간에, 학생에게는 여전히 선택권이 있다. 내 경험에 비추어 보면, 교사나 관리자가 세운 목표가 반드시 해야 하는 것으로 제시될 때보다는 선택 사항(물론 그 목표들이 삶을 풍요롭게 만들어 줄 수 있다는 전제하에)으로 제시될 때 그 목표를 따르겠다는 학생들이 더 많아진다. 다시 말해, 삶을 풍요롭게 하는 교육 프로그램과 지배 체제 교육 프로그램의 차이는 목표 선택권이 있느냐 없느냐에 있지 않다. 둘의 차이는, 삶을 풍요롭게 하는 교육 프로그램에서는 그것이 인정되고 존중되는 반면에, 지배 체제 교육 프로그램에서는 그 점이 불분명하다는 데 있다.

미국 대도시의 어떤 고등학교 교장을 만나 이야기를 나눈 적이 있다. 내가 학생도 그들의 학습에 관한 의사 결정 과정에 동등한 자격으로 참여할 수 있다고 소개하자, 그 교장은 불같이 화를 내면서 학생들에게는 선택이 허용되지 않는 영역이 있다고 항변했다. 그래서 실례를 들어 보라고 하자 이런 말을 했다.

"우리 주에서는 16세까지 의무 교육입니다. 그러니 학교에 가고 안 가고 할 선택권이 아이들한테는 없습니다."

이 말을 듣자 조금 우습다는 생각이 들었다. 시 교육위원회에서는 학생들이 매일 30퍼센트 이상 무단결석하는 학교들의 문제를 해결해 달라며 나를 고용했던 것이다. 교육위원회에서는 학생의 흥미를 더 유발할 수 있는 좋은 교육 방안을 그런 학교 교직원들에게 제시해 주기를 내게 바랐던 것이다. 학생에게 학교에 갈지 말지를 선택할 권한이 없다고 그 교장은 주장했지만, 적어도 30퍼센트의 학생들은 그 선택권이 자기에게 있다는 것을 알고 있었다.

그날 휴식 시간에 교사 한 분이 나를 찾아와 말했다.

"재미있는 걸 보고 싶으세요? 그럼, 우리 학교에 와 보세요. 교장 선생님께서 교내 방송으로 학생들은 매일 학교에 와야 한다고 말씀하시면 학생들은 웃는답니다. 정작 그 메시지를 들어야 할 30퍼센트는 학교에 없잖아요."

학생이 목표 설정에 참여하는 것에 대한 교사들의 우려

지배 체제 프로그램에서 일하는 교사와 관리자들 중에는, 목표 설정 과정에 학생을 동료로 참여시켜야 한다는 말에 충격을 받는 사람들이 있다. 교사들은 특히 두 가지 이유로 학생의 참여를 우려하는 듯하다. 첫째, 아무것도 모르는 학생들이 그들에게 무엇이 최선인지 아는 교사의 결정을 방해할 수 있다는 것이다.

예를 들어 보자. 1학년 교사들로부터 이런 말을 들은 적이 있다.

"1학년 학생들과 합의해서 어떻게 목표를 설정할 수 있을지 모르겠네요. 그 아이들은 효과적인 선택을 하는 방법에 대해 아는 게 별로 없잖아요."

대학 강사도 이렇게 말한다.

"전공과목을 학생들과 합의해서 어떻게 목표 설정을 할 수 있다는 건지 저는 이해가 되지 않습니다. 그 분야의 기술적인 면에 대해 아직 아무것도 모르는 학생들과 말이에요."

학생들이 모른다고 해서 교사가 일방적으로 목표를 설정해야 한다는 주장이 정당화되는 것은 아니다. 교사들이 어떤 목표에 대한 굳은 신념이 있다면, 학생들이 스스로 참여할 의사를 능동적으로 밝힐 때까지 그 목표의 중요성에 대해 책임지고 교육해야 한다고 본다.

교사가 우려하는 두 번째 이유는, 서로 협의해 목표를 설정할 때 교사가 아주 중요하다고 생각하는 가치들을 어떤 학생은 거부할 가능성도 있다는 것이다. 이것은 학생이 무지하다고 가정하지 않는다는 점에서 첫 번째 이유와는 다르다. 학생은 단지 그 목표가 중요하다는 데 동의하지 않을 뿐이다. 이와 관련해 많은 교사들이 '시금치 이론'을 믿는데, 그 이론은 다음과 같이 요약될 수 있다.

"비록 지금은 아이들이 시금치를 먹고 싶지 않겠지만, 강제로라도 먹이면 언젠가는 그걸 먹게 해 준 나에게 감사하게 될 것이다."

내가 이런 사고방식을 걱정하는 이유는 두 가지다. 첫째, 그런 방식으로 경험하게 될 때 과연 얼마나 많은 사람들이 시금치를 계속해서 좋아하게 될지 의문이다. 학생들이 시금치를 좋아하게 되었다는 일화를 교사들에게서 한 번 들을 때마다, 나는 열 명의 학생들에게서 "시금치를 강제로 먹이는 선생님들이 진짜 싫었어요."라는 반대의 말을 듣는다.

둘째, 그런 식으로 알게 된 '시금치'를 좋아하게 된 학생들이 더 많아진다고 해도 여전히 걱정스럽다. 교사의 행동을 보고 학생들이 배우는 것은, 자신이 무엇인가 굳게 믿을 때에는 '상대방을 위해서' 강제로 시켜도 괜찮다는 것이다. 교사들의 일방적인 생각이 초래한 해악을 너무 많이 경험한 나는, 이 방식이 우리의 교육 제도에서 계속되기를 바라지 않는다.

만일 교사가 특정 목표의 중요성에 대해 학생과 끝내 합의점에 이르지 못한다면, 다음의 세 가지 가능성 중 어느 하나를 고려해 보기 바란다.

1. 그 목표가 지금 그 학생에게는 가치가 없다. 따라서 그 학생에게 꼭 필요한 것 혹은 억지로라도 해야 하는 것이라고 제시하지 않는다.
2. 목표는 가치가 있지만, 교사가 그 가치를 학생에게 아직 명확하게 전달하지 못하고 있다. 이 경우, 교사는 더 많은 대화가 필요하다고 인정할 필요가 있다.
3. 교사는 이 목표가 중요하다는 자신의 믿음과, 학생이 그 목표에 도달했으면 좋겠다는 바람을 학생에게 전달한다. 이때 학생이 그 목표에 미달하더라도 처벌받지 않으리라는 점도 함께 알린다.

상호 합의로 목표를 설정한 사례

몬태나 주의 어느 1학년 교실에서는 교사가 읽기·말하기·수학·과학 등의 과목을 학생들이 배우고 싶은 만큼 얼마든지 가르치고 싶다고 학생들에게 설명하면서 학기를 시작한다. 그리고 학생 각자가 학기 말까지 배울 수 있는 범위를 보여 준다. 즉 학생들이 읽기를 배우게 될 책 한 권, 풀어야 할 수학 문제를 보여 주는 것이다. 이런 식으로 각 과목에서 학생들이 성취할 수 있는 범위를 명료하게 보여 준다. 다음으로, 교사는 학생들에게 무엇을 배우고 싶은지 결정한 뒤 자기에게 알려 달라고 한다. 이 시간 동안 학생들은 교실을 마음대로 돌아다니면서 교사가 비치한 학습 도구들을 살펴본다. 학생들이 앞으로 공부하고 싶은 것을 교사에게 알려 주면, 교사는 각 학생과 함께 곧 하위 목표를 세운다.

예컨대, 학생들이 선생님이 권하는 책을 읽는 법을 배우고 싶다고 하면, 교사는 학생들에게 자음이 어떤 소리가 나는지 (물론 자음이 무엇인지 설명해 주면서) 알고 있느냐고 물어본다. 학생들이 자음을 모른다면, 당장의 목표가 자음을 배우는 것이라는 데 학생들과 교사가 합의할 수도 있다. 서로 합의해 학습 목표에 도달하는 두 번째 예로는, 미주리 주의 어느 대학교 학부 정치학 강의를 들 수 있다. 이 강의에는 300명이 넘는 수강생이 몰릴 때가 많아, 개인별 학습 목표를 세우는 데 엄청난 시간이 걸릴 수도 있다. 강의 첫날, 교수는 12가지 목표 항목이 적힌 종이를 학생들에게 한 장씩 나누어 준 뒤, 12가지 목표 중 자신의 흥미를 끄는 것 하나를 골라 표시하고 서명한 다음에 교수에게 다시 제출하라고 한다. 이 종이는 쌍방이 목표에 합의했음을 나타내는 계약서 역할을 한다. 혹시 제시된 12가지 목표 중 어느 것에도 흥미가 없는 학생이 있다면, 추가 목표를 고려해 보기 위해 개인 면담을 한다.

"싫어요!" 뒤에 있는 욕구 듣기

상호 합의한 목표를 달성하기 위해, 교사는 학생이 "싫어요!" 하거나 선생님의 제안을 거절할 때 그 뒤에 있는 욕구를 잘 들을 필요가 있다. 만일 교사가 비폭력대화 방법을 알고 있다면, 그 말 뒤에 숨은 욕구를 알아차릴 수 있을 터이다. 그 메시지들은 다음과 같은 욕구의 표현일 때가 많다.

"전 실패할까 봐 두려워요. 예전에 수업을 제대로 따라가지 못한 적이 있는데, 그때 경험했던 고통을 다시는 겪고 싶지 않아요."

"저는 지금 개인적인 문제 때문에 몹시 힘들어요. 그 문제에 대해 이해를 받고 싶어요. 이 욕구가 충족될 때까지는 뭔가를 배울 에너지가 생겨나지 않을 것 같아요."

교사가 "싫어요!" 뒤에 숨은 욕구를 명확하게 알고 나면, 학생이 그것을 충족할 수 있도록 더 효과적으로 도울 수 있다. 그리고 욕구가 충족되면, 교사가 제시한 학습 활동을 학생이 기꺼이 수행할 수 있게 된다.

교사는 또한 "싫어요!"가 자신이 제시하는 것으로는 학생의 욕구가 충족되지 않으리라는 것을 뜻할 수도 있으며, 따라서 대안을 찾는 것이 교사와 학생 모두에게 도움이 될 수도 있다는 점을 항상 고려해야 한다.

6학년 학급을 맡은 한 교사와 어떤 학생 사이에 갈등이 생겼다. 교사는 갈등을 풀기 위해 비폭력대화 방법을 적용해 보았다며, 한 가지 예를 들려주었다. 학기 시작 이틀째 되던 날에 일어난 일이었다. 교사는 수학 학습 목표 몇 가지를 제시했다. 반 학생 전부가 공부할 목표 하나씩을 골랐는데, 남학생 하나가 시무룩하게 창밖을 내다보고 있었다. 교사는 자신과 학생 사이에 오갔던 대화를 떠올렸다.

교사 너, 지루해 보이는구나. 그리고 내가 제시한 수학 학습 목표에는 관심이 없는 것 같네. 뭔가 다른 걸 하고 싶니?

학생 (화를 내며) 수학은 지겨워요.

교사 수학을 정말 싫어한다는 말처럼 들리네. 너에게 좀 더 도움 될 만한 걸 배우고 싶다는 말이니?

학생 네. 왜 수학 공부를 해야 하는지 모르겠어요.

교사 뭔가를 공부하기 전에 그것이 왜 중요한지 알고 싶니? 우리가 왜 수학 공부를 하는지 알고 싶어?

학생 네.

교사 내가 좀 헷갈리는구나. 왜 수학이 중요한지 알고 싶다는 건지, 아니면 그냥 수학이 싫은 건지 확실하지 않아서 말이야. 어느 쪽인지 알고 싶은데.

학생 그냥 너무 어려워요.

교사 아……, 너무 어려워서 답답했구나. 문제 푸는 데 도움이 좀 더 필요하다는 말이니?

학생 네. 그리고 재미도 없어요.

교사 수학이 재미없구나. 그래, 더 재미있게 배울 수 있는 방법이 있었으면 좋겠니?

학생 네.

교사 난 우리가 수학을 더 쉽고 더 재미있게 공부할 수 있다고 믿어. 한번 시험해 볼까?

학생 어떻게요?

교사 그러자면 네 도움이 필요해. 언제든 수학이 재미없어지거나 어려워지면 그때그때 바로 말해 주겠니? 수학을 더 쉽게 더 잘 이해할 수 있는 방법을 우리가 함께 찾아볼 수 있게.

교사 (침묵으로 표현되는 학생의 마음에 공감하면서) 아직 미심쩍은가 보구나.

학생 선생님이 바쁘시면 어떡해요?

교사 그럴 땐 어떻게 하면 좋을지 알고 싶니?

학생 음······, 네.

교사 그럴 땐 내가 시간이 날 때까지 네가 할 수 있는 다른 공부를 하면 어떨까? 혼자서는 풀 수 없는 수학 문제를 붙잡고 계속 씨름하지 않았으면 좋겠다.

교사가 학생의 능력에 맞게 학습 수준을 조정하고 공부에 재미를 느낄 수 있도록 최선을 다하겠다고 안심시키자, 학생은 수학에서 학습 목표를 이루기 위해 공부하겠다고 기꺼이 약속했다.

앞의 사례는 쌍방의 문제 해결이 언제나 교사가 바라는 것을 학생이 행하는 식으로 끝난다는 것을 보여 주려는 것이 아니다. 삶을 풍요롭게 하는 상호 작용이 다 그렇듯이, 상호 간에 합의된 해결책을 이끌어 내는 것은 교사의 의식consciousness이다. 즉 교사가 원하는 대로 학생이 따르게끔 만드는 것이 아니라, 쌍방의 욕구를 모두 충족하게 해 줄 질적인 유대감을 형성하는 것을 목적으로 하는 교사의 의식이 문제 해결의 관건이다.

교사의 욕구와 학생의 욕구가 갈등하는 상황에서 교사의 바람보다는 학생의 바람 쪽을 선택하기로 쌍방이 합의하는 경우, 이를 두고 교사의 '패배'라거나 학생의 '승리'라고 해석하는 교사들을 자주 보았다. 이런 해석은 교사의 의무란 학생들로 하여금 '그들에게 좋은' 일을 하게 하는 것(결국, 교사가 원하는 것을 학생이 행하는 것)이라고 믿는 사람들에게는 상당히 괴롭다. 내 생각은 그와 다르다. 교사는 오직 자신의 의지와 어긋나는 해결책에 굴복할 때에만 '지는' 것이다. 학생의 느낌과 욕구를 이해한 다음에 그것을 반영해 자기 입장을 바꾸는 것은 지는 게 아니다.

연습문제 06

"싫어요!" 뒤에 있는 욕구 듣기

우리가 원하는 것을 남에게 강요하지 않고 상호 합의와 존중의 분위기를 조성하려면, 사람들이 우리의 부탁을 거절할 때 그 사람이 마음속의 어떤 욕구가 중요해서 그것을 돌보려고 하는지 들어 볼 필요가 있다. A의 "싫어요!" 뒤에 있는 욕구를 B가 들으려 한다고 판단되는 문장의 번호에 동그라미를 쳐 보자.

① A(학생) "싫어요. 전 제 자유 시간을 다른 아이 숙제를 도와주는 데 쓰고 싶지 않아요."
B(교사) "우린 모두 서로 도와야 해."

② A(학생) "국기에 꼭 경례할 필요는 없잖아요."
B(교사) "안 하려면 교장 선생님께 가서 네가 직접 설명을 해."

③ A(부모) "저는 제 딸이 믿지 않는 것은 시키지 않겠어요."
B(교사) "따님이 자신에게 솔직하고 충실해지도록 지지해 주고 싶다는 말씀이시죠?"

④ A(교장) "안 됩니다. 선생님 반에서 성적을 없앨 수는 없어요."
B(교사) "저는 성적을 매겨 아이들에게 스트레스를 주고 무자비한 경쟁 속으로 내모는 제도에 계속 동참할 수가 없습니다."

⑤ **A(학생)** "그룹 연구 과제는 하지 않을래요."
  B(교사) "그냥 한번 해 보지 그러니?"

⑥ **A(학생)** "이 숙제는 너무 바보 같아요. 안 할래요."
  B(교사) "네가 하는 숙제가 너한테 의미 있는 일이라는 걸 확신하고 싶니?"

⑦ **A(학생)** "미안하지 않으니까 미안하다는 말 안 할래요."
  B(교사) "지금 미안하다고 말하지 않으면 나중에 후회하게 될걸."

⑧ **A(부모)** "선생님께서 우리 애한테 뭔가 문제가 있다고 말씀하시는 걸 여기 앉아 듣고 있기가 불편하네요."
  B(교사) "우리의 대화가 좀 더 균형 잡힌 것이 되기를 바라시는 것 같군요. 아이를 걱정하는 말뿐 아니라 칭찬하고 인정하는 말도 듣고 싶으신가요?"

⑨ **A(학생)** "시 낭송 같은 건 절대 안 할 거예요."
  B(교사) "그건 별로 멋지지 않다고 생각하니?"

⑩ **A(학생)** "지도에 색칠하는 건 정말 재미없어요."
  B(교사) "다른 방법으로 지리를 배우고 싶니?"

〈연습문제 06〉에 대한 나의 의견

1. B는 A의 마음속에서 생동하는 것에 귀 기울이기보다는 죄책감을 느끼게 하려는 의도로 A를 훈계하고 있다. A에게는 자율성을 지키고 싶은 욕구, 시간 사용에 대한 자신의 선택을 지지받고 싶은 욕구가 있는 듯하다.

2. B는 A의 마음속 욕구에 귀 기울이기보다는 협박을 하고 있다. A에게는 자율성을 지키고 싶은 욕구가 있는 것 같다.

3. 이 번호에 동그라미를 쳤다면, B가 A의 욕구를 들으려 하고 있다는 점에 대해 우리의 의견이 일치한다.

4. B는 A의 욕구를 듣기보다는 A가 틀렸다는 뜻을 넌지시 내비치는 방식으로 자신의 의견을 말하고 있다. A에게는 책임과 효율성에 대한 욕구가 있는 듯하다.

5. B는 A의 욕구를 듣기보다는 충고하는 식으로 반응하고 있다. A는 이전의 그룹 연구에서 경험했던 것과 비슷한 좌절이나 불만을 다시 겪고 싶지 않은 듯하다. 아니면, 자율성을 존중받고 싶거나 자신의 선택에 대해 지지를 받고 싶은 것일 수도 있겠다.

6. 이 번호에 동그라미를 쳤다면, B가 A의 욕구를 들으려 하고 있다는 점에 대해 우리의 의견이 일치한다.

7. 이 번호에 동그라미를 쳤다면, 우리의 의견은 일치하지 않는다. B는 A의 욕구를 듣기보다는 겁을 주고 있고, 두려움을 느끼게 해서 사과하게 하려는 것 같다. A의 욕구를 듣고 싶다면 이렇게 물었을 법하다. "네가 지금 얼마나 속상한지 내가 알아주면 좋겠니?"

8. 이 번호에 동그라미를 쳤다면, B가 A의 욕구를 들으려 하고 있다는 점에 대해 우리의 의견이 일치한다.

9. B는 A의 욕구를 듣기보다는 탐색하면서 의견을 묻고 있다. A의 욕구에 귀 기울이고 있다는 것을 보여 주는 반응은 다음과 같은 질문일 법하다. "여러 사람 앞에서 발표하는 게 두렵니? 그런 느낌으로부터 너 자신을 보호하고 싶어?"

10. 이 번호에 동그라미를 쳤다면, B가 A의 욕구를 들으려 하고 있다는 점에 대해 우리의 의견이 일치한다.

학습에서 가장 중요한 부분

예전에 칼 로저스Carl Rogers의 심리 치료 수업에 참가한 적이 있다. 나는 그때 학기 첫머리에 학습 목표를 설정하는 일, 그리고 그 과정에서 학생의 의견을 반영하는 일의 가치를 깨닫게 해 준, 참으로 소중한 교훈을 얻었다.

로저스는 내게는 낯선 방식으로 강의를 시작했다. 강의실에 들어온 그는 곧바로 수업에 들어가지 않고, 우리가 자기 강의에서 얻고 싶은 것을 표현할 때까지 마냥 앉아서 기다렸다. 그때 함께 수업을 듣던 한 학생이 앞으로 강의를 어떻게 진행하려 하는지 알려 주지 않는 로저스의 수업에 불만을 터뜨렸다. 비싼 수업료를 내고 배우러 왔는데, 심리 치료에 관한 강의는 왜 한마디도 하지 않는지 알고 싶다고 했다. 로저스는 그 학생의 불만을 진지하게 듣더니 이렇게 대답했다.

"내 생각에 사람들은, 특정 분야에서 아무리 박식하고 창의적이라 해도, 세상에 둘도 없는 자기만의 견해는 아마 한두 가지 정도밖에 가지고 있지 못할 겁니다. 저도 심리 치료에 관해 남들의 인정을 받고 있는 개념 한두 가지를 여러분께 보여 드릴 수 있습니다. 5분도 채 안 걸려요. 그다음엔 한 학기 내내 우린 뭘 할까요?"

로저스의 말에 그 학생은 더 짜증난다는 투로 대꾸했다.

"그래요. 어떤 주제에 대해 모든 걸 다 아는 사람은 아무도 없다는 데 저도 동의합니다. 하지만 선생님은 심리 치료 분야에서 어떤 연구가 이루어졌는지, 또 배울 가치가 있는 건 무엇인지 우리보다 더 잘 아시지 않습니까?"

로저스는 그 학생의 말을 열심히 듣더니 이렇게 대답했다.

"심리 치료 분야에서 일어난 일들이나 일반적으로 가르치는 것은 여러분보다 제가 더 잘 알고 있겠지요. 그러나 여러분의 학습에서 무엇이 중요한지를 저 혼자 결정하는 것은 별로 마음에 들지 않습니다. 배움에서 가장 중요한 것은 배울 만한 가치가 있는 게 무엇인지 선택하는 것이기 때문입니다. 그 선택을 저 혼자 할 경우, 정작 학습에서 가장 중요한 부분을 제가 독차지하는 꼴이 되겠지요."

그날의 교훈은 오랫동안 내 마음속에 남아 있었다. 그리고 배울 만한 가치가 있는 것을 결정하는 데 학생들을 동료로 참여시키는 일이 얼마나 소중한지 잊지 않게 해 주고 있다.

학생이 목표 설정 과정에 참여하는 것에 대한 학생들의 두려움

이미 여러 해 동안 지배 체제 학교에서 공부해 온 학생들은 학습 목표를 스스로 세워 볼 기회가 주어지면 불편하게 여길 때가 많다. 그래서 이렇게 말하는 학생도 있을 것이다.

"전 선생님과 이런 의논 같은 건 하고 싶지 않아요. 제가 배워야 하는 게 뭔지 그냥 말씀해 주세요."

내가 가르칠 때 이런 말을 들으면, 나는 먼저 그 학생이 느끼는 불편함에 공감해 준다. 이어서 내가 앞으로 시도할 새롭고 혁신적인 방법을 한번 즐겨 보면 어떻겠냐고 제안한 뒤, 반 학생들에게 물어본다.

"손들어 보세요. 여기 온 분들 중 이 과목이 뭔지 알고, 정말로 이걸 배우고 싶어서 온 분은 얼마나 되지요?"(이 사람들은 A 그룹이 된다.)

"그럼, 여기 오지 않으면 자기한테 무슨 일이 생길까 봐 겁나서 온 분은 얼마나 되나요?"(이 사람들은 B 그룹이 된다.)

내가 몸담고 있는 거의 모든 학교에서, 학생들 중 4분의 3 정도가 B 그룹에 속했다. 나는 결과를 파악한 뒤 "모두가 A 그룹이 될 때까지 수업을 진행하지 않겠습니다. 하지만 단 한 사람이라도 두려움이나 의무감 때문에 A 그룹으로 가는 일은 없기 바랍니다."라고 말한다. 그러면 두 그룹 사이에 수업 자료의 가치뿐 아니라 학생들과 나의 가치관을 둘러싼 대화까지 등장하게 된다.

일부 학생은 이 교수법의 가치를 이해하지 못하고, 설사 이해하더라도 쉽게 인정하려고 하지 않는다. 그러나 대부분은 그 진가를 차츰 알게 된다. 처음에 거부 반응을 보였던 학생 중에서도 (자신에게는 생소한 개념인데도 불구하고) 이 수업 방식이 왜 삶을 풍요롭게 하는지에 대해 나보다 더 설득력 있는 이유를 생각해 내고는 B 그룹에서 A 그룹으로 넘어오는 경우가 꽤 있다.

평가에서의 협력 관계

 삶을 풍요롭게 하는 교육에서 학생과 교사 간의 협력 관계는 학습 목표에 도달했을 때 그것을 어떤 방법으로 평가할 것인가를 결정하는 데 반영되기도 한다. 이를 위해서는 측정 가능한 목표를 설정하고, 그 목표가 달성되었는지 여부를 평가할 방법을 고안해 내는 능력이 필요하다.
 만약 교사가 학생들과 함께 명확하고, 흥미롭고, 적절한 목표를 서로 합의해서 세우는 방법을 배운다면 다음의 여섯 가지 결과가 나올 것이라고 생각한다. 이 여섯 가지는 모두 자율성과 상호 의존성을 높이고, 교사와 학생 간의 협력을 뒷받침해 준다.

1. 목표가 측정 가능한 것이고 상호 합의로 세워진 것이라면, 학생들은 교사에게 덜 의존하게 된다. 목표가 무엇이고 그 달성도를 어떻게 측정할지를 학생이 정확하게 알고 나면, 때로는 교사의 도움을 받지 않고도 목표에 도달할 수 있다. 반대로, 교사들만 목표를 알고 있다면 학생들은 교사의 지도를 수동적으로 기다리는 것 외에 달리 대안이 없다.

2. 목표가 측정 가능한 것이고 상호 합의로 세워진 것이라면, 주관적이기보다는 객관적으로 평가될 수 있다. 학생이 목표에 도달했을 때 그것을 행동으로 표현할 수 있다는 점에서, 목표가 달성되

었는지 그리고 언제 달성되었는지를 구체적으로 측정하기 위한 기준을 세울 수 있다는 것이다.

대부분의 경우, 학생은 목표에 견주어 현재의 수준을 스스로 진단해 볼 수 있다. 그러면 교사와 학생은 '성적 매기기 게임'에 내포된 독단적 평가를 피할 수 있다. 일단 판단 기준이 상호 합의로 정해지면, 학생들은 자신의 목표에 도달할 때까지 계속 노력할 수 있다.

3. 목표가 측정 가능한 것이고 상호 합의로 세워진 것이라면, 학생들은 자가 평가에서 더 적극적인 역할을 하게 된다. 이것은 앞에서 열거한 장점의 결과에 따른 것이다. 즉 일단 목표가 측정 가능한 명확한 용어로 설명되면 학생은 자신이 지금까지 달성한 것을 더 잘 평가할 수 있고, 나아가 평가에서 더 적극적인 역할을 할 수 있다.

4. 목표가 상호 합의로 세워진 것이고 측정 가능한 것이라면, 학생들은 성취감을 체험할 기회를 더 많이 가지게 된다. 목표가 무엇이고 그 달성도를 어떻게 평가할지를 학생이 정확하게 알고 나면, 그 목표를 완전히 익힐 때까지 계속 노력할 수 있다.

반대로, 목표가 모호하고 평가가 독단적일 경우 학생들은 12년의 학교생활 중 어떤 목표 하나도 제대로 익히지 못했다는 생각을 할 수 있다. 대부분의 학급에서 학생의 역할은 시험에 통과하기 위해 다른 학생보다 좋은 성적을 얻는 것이 전부다. 따라서 학생들은 반에서 A 학점을 받고도 그 수업에서 아무것도 배운 게 없다는 생각이 들 수 있다.

A 학점은 단지 다른 학생들보다 더 많이 공부하면(아니면 미리 알고 있으면) 받을 수 있다. 개인적으로 나에게 가장 의미 있었던 것은 좋은 학점이 아니라, 스스로 세운 학습 목표를 달성했을 때 느끼는 성취감이었다.

5. 목표가 상호 합의로 세워진 것이고 측정 가능한 것이라면, 학생들은 다른 누군가가 목표를 대신 세워 주었을 때보다 목표 달성에 더욱 힘을 쏟는다.

많은 교실에서 학생들이 보이는 무관심한 반응은 대체로 자신이 무엇을 위해 공부하고 있는지 잘 몰라 목표 달성에 대한 참여 의식이 부족하기 때문인 것 같다.

앞에서 말했듯이, 실제로 학생들은 그 과목의 목표가 무엇인지도 잘 알지 못할 때가 많다. 산업심리학자들은 목표를 알고 그것을 달성하려는 사기와 생산성 간의 관계를 증명해 보이고 있다. 교사는 학생 한 사람 한 사람이 제시된 목표에 전념할 것이라는 확신을 가진 다음에야 비로소 수업을 시작하는 것이 중요하다고 본다. 학생이 능동적으로 목표에 전념하면 징계할 일도 줄어든다. 따라서 학생의 목표와 교사의 목표가 일치할수록 통제할 문제는 그만큼 줄어들 것이다.

6. 목표가 상호 합의로 세워진 것이고 측정 가능한 것이라면, 학생에게 맞지 않는 과제로 시간을 낭비하지 않게 된다. 교사가 학생에게 어떤 과목을 공부함으로써 어떻게 삶이 풍요로워지는지를 설명하는 과정에서, 그 과목이 학생에게 전혀 도움이 되지 않는다는 것을 곧 깨닫게 될 수도 있다. 50년 전에 채택되었을 때에는 그 과목이 적절했을지도 모르지만, 오늘날에는 적절하지 않을 수 있기 때문이다.

어떤 과목이 학생들에게 적절하지 않다는 것이 밝혀졌는데도 그 과목을 교과 과정에서 바로 빼지 않는 것은 불행한 일이다. 경직된 교육 제도 때문에 학생들에게 전혀 도움이 되지 않는 과목들이 여전히 남아 있다. 이런 경우, 앞에서도 말했듯이, 학생들에게는 "솔직함이 최선의 방책"이다. 예를 들자면, 솔직하게 이렇게 말하는 것이다.

"내가 이 목표를 권하는 이유는 단 하나, 이 학교 체제에서는 그것이 높이 평가되고 있기 때문입니다. 배울 만한 가치는 크지 않지만, 현 체제에서 여러분이 불이익을 당하지 않으려면 이 과목을 배우라고 말하고 싶습니다. 여러분과 함께 가능한 한 즐겁게 이 목표를 달성할 수 있기를 바랍니다."

한 교사의 예를 들어 보겠다. 학생이 판단하기에는 삶을 풍요롭게 하는 것 같지 않지만 현 교육 제도에서는 필수인 어떤 과목에 대해 학생과 상호 합의된 목표를 세우려고 노력한 어느 교사의 이야기이다.

이 대화는 중학교 1학년 교실에서 정규 과정을 성취하지 못한 30명과 나눈 것이다. 나는 프로그램 고안하는 일을 도왔고, 그 프로그램을 지도하기 위해 선발된 교사를 훈련시키고 있었다.

'학생이 앞으로 어떤 목표를 향해 공부해야 할까?'라는 주제로 교사와 학생들이 토론을 벌이고 있을 때였다. 교사는 학생들에게 분수의 곱셈과 나눗셈을 배우자고 권했다. 그때 한 학생이 분수의 곱셈과 나눗셈이 왜 중요하냐고 질문하자 교사가 대답했다.

"분수를 곱하고 나눌 줄 알아야 할 수 있는 직업이 더러 있단다. 예컨대, 요리사라면 조리법에 적힌 분량을 줄이거나 늘리는 데 도움이 되겠지. 또 목공 일을 할 때 설계도를 보면서 치수를 줄이거나 늘릴 수 있게 해 준단다."

그러자 그 학생이 다시 말했다.

"하지만 전 요리사도 목수도 하지 않을 건데요."

교사는 이 말에 대해 잠시 생각하더니 말했다.

"지금 생각해 보니 나도 학교를 졸업한 후로는 분수를 곱하거나 나눌 일이 별로 없었구나."

그러고 나서 조금 생각하더니 말을 이었다.

"하지만 분수의 곱셈과 나눗셈을 요구하는 문제들은 대부분의 성취도 테스트에 다 나온단다. 성취도 테스트에서 성적이 잘 안 나오면, 너희들은 학교에서 열등반에 들어가게 될 것 같구나. 그리고 또 분수의 곱셈과 나눗셈을 알아야 풀 수 있는 문제는 여러 행정 공무원 임용시험에도 나오고 있어. 그걸 못 풀면 장차 직업을 얻을 기회를 놓칠 수도 있다는 말이지."
 목표에 의문을 품고 있던 그 학생은 이 대목에서 분수 곱하기·나누기는 배울 만하겠다는 결정을 내렸다. 학생이 그 목표를 선택하지 않았더라도 교사는 그의 선택을 존중했을 것이며, 그가 관심을 가지는 다른 목표가 있는지 살펴보았을 것이다.
 교사와 학생이 가르치고 배우면서 몸담고 있는 교육 체계가 요구하는 과목에 삶을 풍요롭게 하는 가치가 없다고 생각된다면, 서로 협력해 부적절하다고 판단되는 과목들을 교과 과정에서 빼는 일을 함께 추진하는 것도 하나의 대안이 될 것이다.

책임은 "예스!", 성적은 "노!"

 삶을 풍요롭게 하는 교육 프로그램에서 시험은 목표에 도달했는지 또는 미달했는지를 측정하기 위한 것이다. 단순히 성적을 매기기 위해서 시험을 치르는 것이 아니다. 만약 목표에 도달하지 못했다면 학생이 무엇을 더 성취해야 하는가에 관한 정보를 시험 답안에서 얻을 수 있다.
 삶을 풍요롭게 하는 교육을 실시하는 교실에서는 학생이 어떤 잠재 능력을 발전시켰는가를 기술하는 것으로 학생의 향상된 능력에 대해 보고한다. 필요하다면 통지표를 보낼 수도 있고, 원한다면 학부모 면담을 통해서 할 수도 있다. 나는 학부모를 면담할 때 학생도 함께 참석하는 편을 택한다.

　삶을 풍요롭게 하는 교육 프로그램에서는 학생들의 성적을 매기지 않는다. 대신 학기 초에는 할 수 없었던 것 중 학기 말에는 제대로 할 수 있게 된 것이 무엇인지에 관한 보고서를 작성한다.

　나는 교사들로부터 이런 말을 자주 듣는다.

　"하지만 우리 제도에서는 성적을 매길 수밖에 없어요."

　나도 선생님들의 고민을 충분히 이해한다. 세인트루이스의 한 대학에서 가르치던 때가 생각난다. 학생들의 성적표 제출 마감일이 이틀 지난 후였다. 행정 직원 한 명이 내 사무실로 찾아와 화를 내면서 성적표를 제출하라고 요구했다. 그래서 나는 대체평가 제도를 채택하고 있다고 설명했다.

　성적 담당 직원은 내 대답에 놀라며, "그래도 성적은 매기셔야 합니다."라고 말했다. "나는 성적을 매기지 않는 것을 원칙으로 하고 있습니다. 성적을 매기는 것은 내 가치관과 맞지 않기 때문입니다."라고 대답했다. 그러자 그 직원은 내 가치관이 무엇이기에 성적을 매기면 안 된다는 것인지 분명하게 설명해 달라고 했다.

　"이 학교 학생의 반은 흑인입니다. 그런데 낙제 점수를 받는 학생의 80퍼센트가 흑인 학생들이에요. 인종 차별에 바탕을 둔 평가 제도를 따르는 것은 내 가치관과 맞지 않기 때문입니다."

　나는 설명을 계속했다.

　"대부분의 교사들은 학기 초에 수업을 시작하면서 학생들의 수준이 같지 않다는 점을 참작하지 않습니다. 그런 점에서 나는 성적을 매기는 것이 공정하지 못하다고 생각합니다. 다른 학생들보다 훨씬 높은 성취 능력을 가지고 학기를 시작한 학생은 한 학기 동안 거의 또는 아무것도 배우지 않더라도 높은 성적을 받습니다. 교사를 개인적으로 분통 터지게 하지만 않는다면 말이지요. 반대로, 시작 단계에서 다른 사람에 비해 훨씬 뒤처진 학생들은 학기 중에 괄목할 만한 진전을 보이더라도 십중팔구 낮은 성적을 받게 됩니다. 성적은 학생들이 외부로부터 받는 동기 부여입니다."

이어서 나는 우리 학생들이 공부의 가치를 알고 내적인 동기에서 공부한다는 것을 확신하고 싶다고 지적하면서, 학생들에게 주어지는 외부로부터의 동기 부여가 끼칠 영향에 대해 우려를 표명했다.

그러면서 학생들을 쓸데없이 불안하게 만들고, 남이 지시하는 대로 복종하게 훈련시키는 가장 좋은 방법은 교사가 명확하지 않은 목표를 제시한 뒤 학생이 그 목표에 도달하지 못할 경우 낮은 성적을 주면서 사회적으로 용납이 되는 비난을 학생에게 하는 것이라는 생각이 든다고 말했다.

그리고 경쟁이 상호 의존보다 더 중요하다고 가르치는 것이 바로 성적 제도인 것 같다고 말했다.

"경쟁심을 유발하는 데 성적을 이용하는 학교에서 학생들이 배우는 것은, 성적이 타당할 뿐 아니라 실제로 높은 성적을 받으려면 다른 사람을 밟고 올라서야 한다는 것입니다. 나는 교실에서 상호 의존이 강조되는 걸 보고 싶고, 개인의 행복은 다른 사람들의 행복과 서로 연결되어 있다는 것을 학생들이 알았으면 좋겠습니다. 그래서 나는 학생들이 성적을 높이기 위해 경쟁하는 데 중점을 두지 않고, 모두의 목표는 달성할 수 있다는 것을 확신시켜 주기 위해 모두가 협력하는 것에 중점을 둘 것입니다."

마지막으로, 성적을 매기는 목적이 책임 있게 가르치자는 데 있다는 것은 이해하지만, 성적은 아주 형편없는 책임 제도인 것 같다고 설명했다.

"나는 학생이 전에는 할 수 없었지만 나와 함께 공부한 결과 무엇을 할 수 있게 되었는지를 기술한 보고서를 준비하고 있습니다. 학생이 무엇을 배웠는지에 대해서는 거의 알려 주지 않는 A, B, C, ……로 매긴 성적을 제출하는 교사들보다는 내가 더 책임 있게 가르치고 있다는 점을 알아주었으면 합니다."

나는 내 견해의 좋은 점을 그 직원에게 납득시킬 수 있었다. 그러나 성적이 학생들에게 도움이 되지 않는다는 점을 관리자들에게 납득시키지 못한 다른 교수들은 다른 방법으로 접근하려고 했다. 모리 슈워츠(『모리와 함께 한 화요일』의 그 모리 슈워츠)는 베트남 전쟁 당시 브랜다이스 대학의 교수로 재직 중이었는데, 그 대학의 다른 교수들과 함께 어느 학생에게도 낙제 점수를 주지 않았다. 낙제하면 징집될 것이 뻔하고, 전쟁에 나가면 전사할 수 있기 때문이었다.

그래서 모든 학생이 A 학점을 받았다.

미국 내 연구를 살펴보면, A 학점을 받는 학생이나 D나 F 학점을 받는 학생이나 한 학기 성장도를 측정해 보면 배우는 양은 거의 같다. 왜 그럴까? A 학점 학생은 공부할 내용을 이미 알고 있기 때문이다.

그들의 부모는 가정교사를 고용해 아이를 준비시키고, 삶을 풍요롭게 해 줄 교육적 경험들을 할 수 있게 해 준다.

이런 일들은 부자가 아니면 할 수가 없다. 바로 그런 사람의 자녀들이 A 학점을 받는 아이들이다. 곧바로 손드는 아이들이고, 해답을 알고 있는 아이들이다. 단지 겉으로만 우리가 그 아이들을 가르치고 있는 것처럼 보일 뿐이다.

우리의 목적은 단지 성적 매기는 일을 하지 않겠다는 것만이 아니다. 비폭력대화로 갈등을 해결할 때와 마찬가지로, 우리가 원하는 것만 얻는 것이 아니라 모든 사람의 욕구가 충족되는 결과를 가져올 수 있는 인간적인 연결, 유대 관계를 형성하는 것이다.

그런데 성적처럼 오래 계속되어 온 전통의 경우에는, 성적을 매기고 싶지 않은 교사들과 그것을 고집하는 관리자들 사이에 긍정적인 대화가 이루어지려면 오랜 시간이 걸릴 수도 있다. 우리는 더 바람직하다고 생각되는 것을 관리자뿐 아니라 학생들이나 학부모 그리고 다른 교사들에게 알려 주고 싶다.

그래서 학교가 A 학점을 받기 위해 경쟁하고 F 학점을 피하기 위해 애쓰는 곳이 아니라 학생들이 기꺼이 배우고 싶어서 열심히 공부하는 곳이 될 수 있다는 우리의 비전을 나눔으로써, 학생들이 새롭고 아름다운 가능성에 눈뜨도록 천천히 도와주는 것이다.

교육 현장에서의
NVC

시험

다음은 한 고등학교 교사가 들려준 이야기이다.

우리 반은 '특수 학급'으로, 구성원 중 대부분이 몸에 밴 공격적인 태도 때문에 혹은 너무 주눅이 들어서 정규 학교에 적응하지 못하는 학생들이다. 수업 시간은 마치 압력솥과 같아서 순식간에 폭발하고는 한다.

우리 반이 NVC 수업을 받기 전, 나는 질서 유지를 위해 오직 다양한 행동 수정 방법에만 의존했다. 아이들에게 상을 주겠다고 회유하거나 벌을 주겠다고 으름장을 놓으면서 시간을 허비했다. 이런 수법을 쓰면, 특히 벌을 주겠다고 으름장을 놓으면 그 순간에는 질서가 잡혔다. 하지만 내가 오랫동안 지켜본 결과, 강압적인 수법은 적개심과 분노, 낮은 자존감을 가진 이 아이들에게는 오히려 불난 집에 부채질하는 격이었다. 그런데 불행하게도 내게는 우리 반 아이들을 다룰 수 있는 다른 방법이 전혀 없었다.

NVC 지도자로부터 사람들이 하는 말은 언제나 "부탁합니다." 아니면 "고맙습니다."라는 사실을 처음 들었을 때, 나는 큰 소리로 웃었다. 우리 반 아이들에게서 "부탁합니다.", "고맙습니다."라는 말을 듣는다는 것은 상상도 할 수 없는 일이었기 때문이다. 그러나 나는 달리 뾰족한 방도가 없었고 절망적이기도 했던 터라 한번 시도해 볼 결심을 했다. 우리 반 아이들이 하는 말이 다르게 들리기 시작했다. 실제로 아이들이 무리하게 요구하고 화를 내는 소리가 "부탁인데, 제 말 좀 들어 주세요."나 "부탁인데, 도와주세요."라는 말로 들린다는 것을 이내 알게 되었다. 이렇게 새로운 방식으로 듣고 또 나 자신의 느낌과 욕구를 학생들한테 표현하는 방법을 배우자, 긴장의 연속이었던 우리 반 분위기는 마음을 열고 신뢰하는 쪽으로 바뀌었다.

이런 변화를 처음 경험한 것은 주에서 연 2회 실시하는 표준학력고사를 준비하고 있던 때였다. 이 학력교사는 우리 반 학생들 대부분이 낮은 점수를 받기 때문에 아주 싫어하는 시험이다. 내가 반 아이들에게 전에 보였던 태도는 "불평해 봐야 소용없어. 이건 우리가 꼭 치러야 하는 거니까." 하는 식이었다. 이번에도 여느 때처럼 교실 안에 긴장감이 감도는 것을 느꼈고, 아이들이 경직되고 서로에게 점점 더 짜증을 내고 있다는 것을 알아차렸다. 전과 달라진 점은, 눈에 보이는 그들의 행동 밑바닥에서 무슨 일이 일어나고 있는지를 내가 좀 더 분명하게 감지할 수 있게 되었다는 사실이다. 새로 알게 된 NVC 기술 덕분에, 아이들이 무엇을 느끼고 있는지, 그리고 충족되지 못하고 있는 아이들의 욕구는 무엇인지를 짐작할 수 있었다.

나는 표현되지 않은 그들의 느낌과 욕구에 다음과 같이 마음속으로 공감했다.

'너희들, 겁나니? 또다시 시험에 떨어지는 아픔을 겪고 싶지 않은 거지?'

'너희들, 마음이 상했구나. 그저 '불량 학생'으로만 보이고 싶지는 않지? 너희도 충분한 능력이 있다는 걸 보여 주고 싶은 거지?'

'너희가 화내는 걸 들으면, 자율성을 보장받고 싶어서 그러는 거라는 게 느껴져. 너희 시간을 어떻게 쓰든 간에 스스로 선택하고 싶은 거지?'

또한 우리 반 학생들 중 대부분이 자신의 욕구가 학교는 물론이고 그 어디에서도 충족되지 않는다는 사실에 자주 절망감을 느끼고 있다는 것을 나는 잘 알고 있었다. 표준학력고사를 치러야 한다는 부담감이 고통스러운 느낌과 충족되지 못한 욕구들을 모두 표면으로 끌어낸 것 같았다.

이런 식으로 그들을 이해하자 내 마음이 진심으로 열렸다. 이번에 치르게 될 시험 일정에 대해 설명하고 있을 때, 한 학생이 갑자기 소리를 질렀다. 그러자 다른 몇몇 학생이 따라서 소리를 질렀다. 학생들의 이런 행동을 보면서도 내가 같이 소리를 지르지 않고 말을 멈출 수 있었던 것은 바로 그런 이해 덕분이었다.

학생 1	내가 왜 이런 바보 같은 시험을 봐야 되죠?
학생 2	맞아요. 좋은 이유가 있는지 하나만 말해 보세요.
학생 3	누가 똑똑하고 누가 바보인지 보여 주려는 거지.
학생 4	그래, 이런 시험을 만든 인간들이 멍청이지.
교사	(아이들의 느낌과 욕구를 귀담아 들으면서) 이 시험이 너희들한테 도대체 무슨 도움이 되는지 알고 싶고 짜증이 나니?
학생 1	네. 우리가 왜 시험을 봐야 해요? 결과가 어떻게 될지 뻔한데, 시간 낭비 아닌가요?
교사	(그의 욕구를 그대로 다시 말하며) 넌 사람들이 시험을 보라고 요구하는 이유를 알고 싶은 게로구나.
학생 5	그냥 '요구'만 하는 게 아니에요. 무조건 하라고 하는 거잖아요.
교사	(느낌과 욕구를 좀 더 잘 들으며) 그래서 너도 화가 나지? 누가 강제로 시켜서가 아니라, 여기서 네가 무엇을 할지 선택할 수 있기를 원하기 때문에 말이야.
학생 5	네. 여기서나 어디서나 마찬가지예요. 우리가 뭘 선택하죠? 입고 싶은 옷도 맘대로 학교에 못 입고 오잖아요.
교사	(더 알고 싶다는 목소리로) 어른들이 너희를 위해 결정해 주는 것에 진저리가 난단 말이지? 더 많은 걸 스스로 선택하고 싶은 거지?
학생 5	이런 얘기를 하는 것조차 어리석은 짓이에요. 우리가 할 수 있는 건 아무것도 없으니까요.
교사	(계속해서 느낌과 욕구를 짐작하며) 어른들이 너희들 말을 들어주리라는 것을 아예 포기한 상태라는 말이니?
학생 5	두말하면 잔소리죠.

교사	그래서 절망스럽구나? 그런 너희 마음을 이해받지 못해서 정말로 슬픈 거지?
학생 5	(말 없이 눈물을 글썽이며 고개를 숙인다.)

몇 분 동안 모두 아무 말이 없었다. 교실 분위기가 차츰 눈에 띄게 달라졌다. 긴장과 분노에서 부드러움과 슬픔으로. 그것은 내가 반박하거나 말씨름하거나 대충 대답하지 않고, 아이들 말을 그냥 들어 줄 수 있었기 때문이라고 나는 확신한다. 처음에 질문했던 학생이 다시 질문을 했다.

학생 1	그래서 우리가 이 시험을 왜 봐야 하는 거죠? 선생님은 아세요?
교사	사실은 말이다, 너희들이 왜 시험을 봐야만 하는지 나도 잘 모른다. 지금까지 그 시험을 봐야 하는 이유를 몇 가지 듣긴 했지만, 내가 원하는 만큼 분명하지는 않아. 그래서 지금은 거기에 대해 더는 얘기하고 싶지 않구나. 하지만 약속하마. 이런 시험을 왜 봐야 하는지 이유를 알아보고 다시 얘기해 주겠다고. 너희들이 왜 시험을 꼭 치러야 한다고 강요당하는지 나도 알고 싶다. 내가 너희들에게 왜 이런 걸 하라고 요구해야 하는지도 알고 싶고. 자율성은 나한테도 아주 중요하거든. 그래서 나는 가슴이 아파. 너희도 더 많은 선택을 할 수 있었으면 좋겠다. 그렇게 될 수 있도록 나도 뭔가를 하고 싶어. 그래서 오늘 너희가 이렇게

마음을 열고 거리낌 없이 말해 준 게 고맙고, 그런 일들과 관련된 너희 느낌을 들려준 게 고맙다.

이런 이야기를 주고받은 뒤, 나는 우리 반 학생들에게 이렇게 말했다.

"이런 시험을 치른다고 하면 연상되는 아픈 느낌들이 분명 많이 있을 텐데, 시험을 보는 목적도 명료하지 않고 말이야. 시험 보는 일과 관련된 너희들의 욕구와 혼란, 그 밖의 다른 느낌들에 대해 더 많은 이야기를 앞으로 하고 싶은데, 내 의도가 의심스러운 사람 있니?"

아무도 말하는 학생들이 없기에 나는 말을 계속했다.

"그건 그렇고, 지금 우리 모두가 가장 편해지려면 이미 예정된 이번 시험을 봐서 마무리하는 게 좋을 것 같다. 이 점에서 나와 같이할 의사가 없는 사람이 있는지 알고 싶구나."

그날, 죽기보다 싫은 그 시험을 치르지 않겠다고 거부한 학생이 한 명도 없는 것을 보고, 나는 정말 놀랐고 또 고맙기도 했다.

지금은 물론 알고 있다. 우리 반 학생들은 언제나 자기들이 어떻게 느끼고 있는지 나한테 말해 주고 있었다는 것을. 그날 변한 건 나였다. 그들이 하는 말을 들어 주는 시간을 가짐으로써, 그리고 내 느낌과 욕구를 그들에게 솔직하게 표현함으로써 말이다.

나는 그날, 교육 현장에서 NVC의 진정한 힘을 체험했다.

제5장

상호 의존하는 학습 공동체 만들기

삶을 풍요롭게 하는 교육은
학생 각자가 자신의 학습 목표에 도달하는 것
못지않게 다른 학생들도 그럴 수 있도록 돕는 데에도
똑같이 관심을 기울이는 공동체로서 학교를 조직한다.
이러한 학습 공동체는 학생들이 성인이 되어
삶을 풍요롭게 하는 가족, 일터,
정부 조직을 만들어 내고 유지하는 데
도움이 될 배움을 제공한다.

세속 윤리

학생들의 학습 체험은 학급과 학교가 어떻게 조직되었는가에 따라 크게 달라진다. 다시 말해, 학급과 학교의 조직 방식대로 상호 의존을 지원하는 사회 구조를 만들고 유지하는 것을 배울 수도 있고, 경쟁과 지배를 조장하는 사회 구조를 만들고 유지하는 데 필요한 교육을 받을 수도 있다.

삶을 풍요롭게 하는 교육은 학생 각자가 자신의 학습 목표에 도달하는 것 못지않게 다른 학생들도 그럴 수 있도록 돕는 데에도 똑같이 관심을 기울이는 공동체로서 학교를 조직한다. 이러한 학습 공동체는 학생들이 성인이 되어 삶을 풍요롭게 하는 가족, 일터, 정부 조직을 만들어 내고 유지하는 데 도움이 될 배움을 제공한다. 그리고 또한 달라이 라마Dalai Lama가 말하는 세속 윤리Secular Ethics를 발전시킬 수 있는 학습 체험도 제공한다.

"대체로 학문적 성취에만 관심을 기울이는 교육과 더불어, 다양한 교육기관에서 공부하는 젊은 세대의 마음속에 더 많은 이타주의와 다른 사람들을 배려하는 마음과 책임감을 심어 주는 교육이 우리에게는 필요하다. 이 일에 반드시 종교가 개입할 필요는 없다. 따라서 이것을 세속 윤리라고 할 수 있는데, 그것은 실제로 친절, 연민, 진지함 그리고 솔직함 같은 인간의 기본적인 품성들로 이루어져 있기 때문이다."

젊은 세대가 이타주의와 다른 사람을 배려하는 마음과 책임감을 더 많이 키워 가도록 지원해야 한다는 달라이 라마의 말에 우리 대부분은 동의할 터이다. 그러나 우리는 아직 특권층 사람들만이 승리를 보장받는 불공정 경쟁을 부추기는 문화 속에서 살아가고 있다. 우리의 학교들은 이 문화를 정확하게 반영하고 있다. 앞 장에서 지적했듯이, 최고 성적을 받은 학생들이 반드시 가장 많이 배운 학생인 것은 아니다. 그들은 집안의 넉넉한 경제 사정 덕분에 앞으로 학교에서 배울 것을 남보다 한발 앞서 미리 배워 둔 학생들이다.

따라서 나는 경쟁적인 교실이 학습 공동체 learning community로 탈바꿈하는 것을 보고 싶다. 이런 공동체 안에서는 모든 구성원이 자신의 학습뿐 아니라 다른 모든 사람의 학습에 대해서도 똑같이 관심을 가진다.

상호 의존하는 학습 공동체 발전시키기

상호 의존하는 학습 공동체가 성공을 거두고 있는 학교와 학급에서는 정해진 학습 목표에 도달한 학생들이 같은 목표에 도달하고 싶어 하는 다른 학생들을 돕도록 장려한다. 학생들이 서로 가르쳐 주는 이러한 행동이 상호 의존하는 학습 공동체의 발전에 기여한다. 정해진 학습 목표에 도달한 학생은 이제 다른 학생들을 도와줄 수 있게 된다.

이것은 여러 가지 형태로 이루어질 수 있다. 예컨대 어떤 학습 기능을 이미 익힌 학생이 그것을 다른 학생에게 가르쳐 주는 개인 지도 형태를 취할 수 있다. 정식 교사가 학생들을 가르치는 것 못지않게 효과적으로 학생들이 서로 가르칠 수 있다는 증거는 얼마든지 있다. 시골 학교나 몬테소리 학교 또는 다양한 연령층으로 구성된 학급에서 공부하는 사람들에게는, 이것은 그리 새로운 개념이 아니다. 학생들의 연령대가 넓은 환경에서는 한 교실에 그룹별로 모이게 되며, 거기서 학생들이 서로 가르치는 것은 흔히 있는 일이다.

NVC에 바탕을 둔 한 이스라엘 학교에서 나는 최근에 그런 학급을 관찰한 적이 있다. 나는 그 학급에서 같은 또래 여학생에게 배우고 있는 한 남학생을 주목했다. 우리가 지켜보는 동안 그 남학생은 여학생이 내준 문제를 풀고 있었고, 그 여학생은 문제를 내준 뒤 오른쪽에 앉은 나이 많은 다른 학생에게 다른 과목을 배우고 있었다. 선생님과 함께 따로 공부하고 있는 네 명을 뺀 나머지 학생들은 모두 서로 가르치고 가르침을 받는 일에 열중하고 있었다. 그 네 명은 특별한 학습 지도가 필요한 학생들이었다. 다른 학생들은 교사가 관여하지 않아도 능동적으로 잘 배우고 있었기 때문에, 교사는 그 네 명을 돌보는 데 필요한 시간을 가질 수 있었다.

학생들이 혼자서 또는 서로 도와 가며 공부하는 것이 허용되는 학급에서는 교사가 다른 문제들을 돌볼 시간 여유가 있다. 이때 해결하고 조정해야 할 문제는 개인 지도일 수도 있고, 과제 수행보다는 누군가와 대화하는 것이 더 필요한 학생과 마주앉아 이야기를 나누는 것일 수도 있다. 자기 공부를 효과적으로 하지 못하는 학생들과 함께 그들의 욕구를 파악하기 위해 대화하는 것도 문제 해결의 한 방법이기 때문이다.

학생들끼리 가르치는 일에 대해 걱정하는 교사도 있다고 들었다. 가르치는 학생에게 부당한 짐을 지우는 것이 아닐지 염려하기 때문이라고 한다. 그러나 가르치는 것만큼 배우는 데 좋은 방법은 없고, 서로 가르치는 것이 배우는 학생 못지않게 가르치는 학생에게도 유익하다는 데 대부분의 교사들이 동의한다. 교실에서 이 방법을 실행하는 교사들은, 가르치는 학생들이 학습 과정에 대해 잘 알게 되며, 그렇게 이해한 것을 자신의 학습에 활용하고 있다고 나에게 말해 주었다.

교사는 여행사 직원

한 학생이 다른 학생의 교사 역할을 맡는 것이 실제로는 경쟁심을 증대시킬 수 있고, 따라서 또 다른 종류의 '남보다 한발 앞서가기'를 조장할 수 있다고 우려하는 교사들의 말도 나는 들은 적이 있다. 그러나 학생들이 저마다 다른 학습 목표를 가지고 있고 학년마다 일률적으로 성취해야 할 학력 기준이 정해져 있지 않은 학급에서는, 한 영역에서 가르치는 입장에 있는 학생이 다른 영역에서는 가르침을 받아야 하는 일이 제법 많이 일어난다. 그래서 서로 편하게 가르치기도 하고 도움을 청할 수도 있게 된다.

내가 여행을 많이 다니고 그래서 여행사 직원과 많이 접촉해 보았기 때문이기도 하겠지만, 그런 교실에서는 교사는 여행사 직원, 학생은 여행자라고 생각하고 싶다. 여행사 직원은 나에게 어디로 가라고 일러 주지 않는다. 그러나 내가 원하는 바를 말해 주면, 내가 생각해 본 적도 들어 본 적도 없는 장소를 몇 군데 추천해 줄지도 모른다. 교사도 여행사 직원처럼 학생들에게 몇 가지 제안을 할 수도 있고 힘차게 격려해 줄 수도 있다. 그러나 학생들에게 어디로 가라는 말은 하지 않을 것이다. 그 반면에, 학생 여행자는 다른 학생 여행자에게 자기가 가 본 멋진 곳에 대한 이야기를 들려주어 그곳에 가 보고 싶다는 흥미를 느끼게 할 수도 있다.

내가 여행사 직원 이미지를 좋아하는 또 다른 이유는 고객과 함께 여행을 다니지 않는다는 것이다. 여행은 여행사 직원이 함께 갈 수 있느냐 없느냐와 상관없다. 앞에서 말한 이스라엘 학교에서는 매일 정해진 시간 동안 학생들이 교사를 마음대로 고를 수 있는데, 60퍼센트가 다른 학생을 교사로 선택한다.

미국 내 연구를 보면, 방금 한 가지를 배운 아이 쪽이 정식 교사보다 다른 아이들에게 그것을 더 잘 가르친다는 것을 알 수 있다. 그리 놀랄 일이 아니다. 아이들은 또래 언어를 쓰고, 서로 잘 알며, 함께 있으면 안전하다고 느낀다. 그리고 처음으로 무언가를 배웠을 때의 경험은 언제나 신선하다. 그러므로 한 친구가 자전거 타는 법을 배우게 되면 다른 친구에게 그 방법을 가르쳐 줄 수 있다. 혹은 한 친구가 덧셈 문제 푸는 법을 알게 되면 다른 친구에게 그 방법을 가르쳐 줄 수도 있다.

또, 여행사 직원은 모든 고객이 동시에 같은 목적지에 도착하거나 같은 경로로 목적지까지 가리라고 기대하지 않는다. 설사 그들의 행선지가 모두 같더라도 그렇다. 돈에 여유가 없는 사람은 기차로 가고 사정이 다른 사람은 비행기로 가는 등, 여러 가지 방법이 있다. 따라서 교사는 학생 여행자들에게 맞춤 여행을 제공할 수 있다. 학생이 읽기를 어려워하면, 교사는 그 학생이 잘 읽을 수 있게 될 때까지 그에 맞는 방식으로 가르칠 것이다. 만일 그 학생의 목표 중 하나가 어느 과학책에서 본 적이 있는 것에 관해 배우는 것이라면, 교사는 그 학생이 아직 익히지 못한 능력에 의존해 공부하게 하기보다는, 읽을 줄 아는 학생에게 그 책을 읽어 주라고 부탁할 것이다. 이렇듯 여행사 직원은 여러분에게 어디로 가라고 말하지 않고, 또 함께 가지도 않는다.

하지만 여행사 직원은 몇 가지 대안을 제시하고 그것들이 삶을 어떻게 풍요롭게 해 줄 수 있는지 보여 줌으로써 여러분을 도울 수 있다.

혼자 힘으로 공부할 수 있도록 도와주는 자료들

교사와 학생이 서로 협의해서 학습 목표를 세운 다음, 교사는 목표를 성공적으로 달성하는 데 필요한 정보와 자료를 얻기 위한 작업을 학생과 함께 한다. 이상적인 자료란 학생이 혼자 힘으로 자주 이용할 수 있는 것이다. 이때 그 자료들을 활용하기 위해 학생에게 어떤 선행 학습 능력이 필요한지를 교사가 확인하는 것도 중요하다.

그다음 작업은 목표 달성에 도움이 되는 개념, 교수학습 활동, 일정, 어휘 등을 교사와 학생이 함께 확인하고 각각의 의미를 명확히 하는 것이다. 이어서 교사는 학생이 목표를 향해 나아가는 과정에서 최고의 성과를 거둘 수 있도록 이 요소들을 순서에 따라 정리할 것이다. 그리고 목표를 완벽히 달성하기 위해서 학생이 무엇을 알아야 하고 무엇을 할 수 있어야 하는지, 또 그에 필요한 학습 자료와 학습 체험은 무엇인지를 학생에게 구체적으로 알려 주는 문서를 형식에 맞추어 작성해 둘 것이다.

다시 여행사 이미지로 돌아가 보자. 이 '배낭여행'은 가능하면 교사의 개입이나 도움 없이 학생 스스로 여행할 수 있도록 안내서가 들어 있을 것이다. 교사는 자기만의 맞춤 제품 즉 특정 목적을 가진 학습 단원을 준비하게 되는데, 이때는 시중에서 구입할 수 있는 자료들을 활용할 수도 있다. 시중에는 교사들이 어떤 것을 선택할지 고민해야 할 정도로 많은 자료들이 나와 있다. 또는 학생들이나 후원자, 학부모들의 도움을 받아 자료를 만들 수도 있기 때문에, 학생들은 교사가 준비할 수 있는 것에만 의존해서 학습할 필요가 없다.

학습 자료 만들기에 학생과 학부모 활용하기

학생들과 학부모들은 학습 자료를 준비하는 데 도움을 구할 수 있는 주요한 자원이 된다. 학생과 학부모는 교사의 시간과 노력을 절약해 줄 뿐 아니라, 도움을 주는 과정에서 얻는 경험으로 그들도 이익을 얻을 수 있다.

내 친구가 맡고 있는 중학교 1학년 교실에서는 학생들이 시중에서 구입할 수 있는 독서 교재 세트로 공부하는 것을 좋아했다. 하지만 교재는 단 한 세트뿐이었다. 그래서 내 친구는 잡지 기사를 활용해 시중에서 파는 독서 교재 세트 디자인대로 자기들만의 교재 세트를 몇 개 만들어 보면 어떻겠냐고 제안했다. 이 계획에 따라 학생 몇 명이 아주 열심히 작업을 시작했다. 처음에는 친구도 걱정했다. 학생들이 읽기에는 너무 어려울 것이라고 생각되는 기사들을 활용하고 있었기 때문이다. 학생들은 예컨대 마약처럼 자기들이 개인적으로 흥미를 가진 주제에 관한 기사들을 뽑았는데, 그중에는 학생들의 이해 수준을 넘어선 것으로 보이는 잡지에서 발췌한 것들이 있었다. 그런데 놀랍게도, 학생들은 스스로 만든 그 교재들을 독서 능력을 향상시키는 데 이용했을 뿐 아니라 시중에서 파는 교재보다 더 좋아했다.

또, 한번은 우리 막내아들이 다니는 유치원으로부터 학부모와 교사를 위한 행사에 참석해 달라는 부탁을 받았다. 모임의 공식 목적은 학부모에게 프로그램을 소개하는 것이었다. 우리는 유치원 교사로부터 학부모와 학생이 직접 해 보는 것이 가장 잘 배우는 방법이라는 말을 들었다. 교사들의 프로그램 설명을 학부모가 수동적으로 듣는 데 그치지 말고, 학습 자료를 직접 만들어 봄으로써 프로그램에 대해 배울 기회를 가지라는 말이었다. 교사들은 오래된 잡지, 풀, 물감, 마분지, 가위 같은 자료들을(값비싼 것은 하나도 없었다) 탁자 위에 잔뜩 쌓아 놓았다. 그러고는 어떤 학습 자료 만드는 방법을 설명해 주었다. 교사의 설명을 듣고 나자, 자료들이 만들어지면 어떤 용도로 사용될지 밑그림이 그려졌다.

나에게 주어진 작업은 아이들이 어떤 개념을 배우는 데 필요한 카드 세트를 만드는 것이었다. 많은 잡지를 조사해서 짝이 맞는 그림 네 개(예컨대 서로 다른 네 가지 탈것: 자전거, 비행기, 배, 기차 그림)와 그것들과 어울리지 않는 그림 하나(예컨대 오렌지 그림)를 찾아냈다. 이 그림들을 가로 8센티미터 세로 13센티미터 크기의 색인 카드에 한 장씩 풀로 붙였다. 그리고 다른 그림들과 어울리지 않는 카드(앞의 예에서는 오렌지)는 뒷면에 빨간색을 칠했다.

이 세트들은 우리 아이들이 '다른 것'이라는 개념을 배우는 데 사용되리라는 설명을 들었다. 카드 세트를 받은 학생들은 각각의 세트에서 어울리지 않는 그림 하나를 골라서 따로 놓고, 그 카드 뒷면이 빨간색이면 자기가 맞았다는 사실을 확인하게 된다는 것이다. 이런 식으로 우리는 그 프로그램에 대해 능동적으로 배우게 되었고, 교사는 자발적으로 일하는 봉사자들을 이용하여 비교적 짧은 시간에 많은 자료를 만들 수 있었다.

개인별 지도 자원 활동

내가 개인별 지도 자원 활동가로 생각하는 사람들은 부모와 조부모 그리고 학습 공동체를 지원하는 다른 이웃 사람들이다. 이들은 앞에서 설명한 방법으로는 배울 수 없는 학생들이 목표에 도달하는 데 큰 도움이 된다고 생각한다. 나는 '정서 장애' 증세를 보이는 아이들을 수용하고 있는 치료 센터를 한 군데 알고 있는데, 그곳에서는 나이가 지긋한 시민들을 교사로 활용하고 있다.

지금까지의 경험으로는 아이들과 노인들 모두에게 도움이 되는 것으로 밝혀졌다. 그 학교 교장에 따르면, 아이들의 그 많은 요구를 들어 줄 인내심과 그들을 위해 무언가 해 줄 수 있는 시간 여유가 노인들에게는 있다는 것이다.

학습 자원으로서의 지역 공동체

학습 공동체를 지원하기 위해 이용될 수 있는 또 다른 자원은 학교가 속한 지역이다. 지역 공동체가 학생들을 가르치는 일에 어떻게 연관되는지는 필라델피아의 파크웨이 프로그램Parkway Program을 보면 잘 알 수 있다. 이 프로그램에서는 도시 전체를 '학교'로 본다. 의미 있는 수업이 진행될 수 있는 곳이면 지역 사회 어디에서든 수업을 할 수 있다. 따라서 학생들은 수업을 들으러 동물원에 갈 수도 있고, 미술관이나 지역 내의 공장에 갈 수도 있다.

학교 당국은 방문하려는 곳들에 미리 연락을 해서 학생들을 감독해 줄 사람이 있는지, 교통편이나 비상시 대책과 편의 시설을 제공할 의사가 있는지를 타진하고 협조를 요청한다. 그리고 이곳들을 단순한 놀이 장소가 아닌 교육 과정의 협력자, 즉 학교와 떨어져 있는 현장학습 장소로 여긴다.

활동 중인 여행사 직원

제1장에서 몬태나 주의 한 1학년 학급 이야기를 하면서, 교사가 학생 하나하나와 공동 목표를 세워 가는 과정을 간단히 소개하였다. 그리고 학생 두어 명이 교사에게 자음의 발음에 대해 배우고 싶다는 의사를 밝힌 시점에서 이야기를 끝마친 바 있다.

이제 그다음에 일어난 일에 대해 이야기하고 싶다. 이 장에서 한 제안들 가운데 몇 가지를 확실하게 보여 줄 사례이기 때문이다.

자음 발음을 배우겠다는 학생들과 공동으로 학습 목표를 설정한 후에는 교사에게 몇 가지 선택지가 있다.

1. 교사는 학생들이 할 수 있는 게임에 어떤 것이 있는지 확인할 수 있다. 그 게임은 학생들이 자음 발음을 배우는 데 도움이 될 수 있는 것이어야 한다(시중에서 구입할 수 있는 게임 용품이 몇 가지 있다). 게임을 함께할 사람이 더 필요할 경우, 교사는 학급의 다른 학생들에게, 읽기를 시작하려면 알아야 할 자음을 배우는 데 관심이 있는 사람이 더 있느냐고 물어볼 수 있다.
2. 교사는 학생들이 자음 발음을 배우는 데 활용할 수 있는 학습 자료들에 관한 계획을 자신이 세워 놓았는지 확인한다.
3. 교사는 자음 발음을 이미 알고 있는 학생들 가운데 자음을 배우고 싶어 하는 다른 학생들에게 기꺼이 가르쳐 주고 싶은 사람이 있는지 확인한다.
4. 교사는 자신이 직접 학생들에게 자음 발음을 가르칠 시간이 있는지 확인한다.

그 교사의 말에 의하면, 수업을 시작한 다음 날까지는 학급의 모든 학생들이 적어도 하나의 목표를 결정하고 그 목표를 향해 공부하기 시작했다고 한다. 나는 자음 발음을 배우겠다는 의사를 밝힌 학생들이 가는 길을 끝까지 따라가 보고 싶다. 그 학생들이 자음 카드놀이를 하기로 했었고, 이제는 자기들이 자음 발음을 알게 되었다고 생각한다고 가정해 보자. 그들은 교사에게 다가와 "이제 발음하는 걸 알게 된 것 같아요."라고 알릴 것이다.

학생이 스스로 수행 평가를 할 수 있는 절차를 교사가 아직 개발하지 못했다면, 학생이 자음 발음을 배웠는지 여부를 알아보기 위해 직접 검사해 볼 수도 있다. 학생이 유창한 발음 능력을 증명해 보이면 교사는 그 내용을 학생의 폴더에 기록하고, 학생이 글쓰기를 배우게 되면 그때부터는 자신이 달성한 목표를 그때그때 모두 기록해서 자기 폴더에 보관해 두도록 한다. 그리고 학생은 한 학기에 두 번씩 부모·교사와 대화 시간을 마련해 그때까지 자기가 해 온 일을 부모와 교사가 종합적으로 검토해 볼 수 있도록 자신의 폴더를 활용해 이 모임을 이끌어 간다.

이 학급의 학생은 모두 이와 같은 절차를 따른다. 학생이 한 가지 목표를 달성하면 학생이나 교사가 그것을 학생의 폴더에 기록하고, 교사와 합의해서 또 다른 목표를 세우는 과정을 반복한다. 이 과정에서 학생이 읽기 공부에만 너무 열심이고 수학 공부는 하지 않는다는 사실을 알게 되면, 교사는 학습 불균형에 대한 우려를 표하면서 수학 관련 목표를 좀 더 추구하라고 격려해 줄 수도 있다. 그러나 어떤 경우에도 교사는 학생들에게 학습 목표를 강요하지 않는다.

학부모들은 이 교수법의 자유와 융통성을 마음에 들어 했다. 그들은 또 자녀가 얼마나 많이 배우고 얼마나 즐겁게 배우고 있는지를 확인하고는 만족스러워했다. 실제로 학부모들은 이 방법을 무척 마음에 들어 했다. 그래서 이듬해에도 아이들이 그 프로그램을 계속할 수 있도록 그 교사와 계속 공부할 수 있게 해 달라고 교육위원회에 청원서를 제출할 정도였다. 교육위원회에서 그 교사의 프로그램 시행 결과를 높이 평가하고, 같은 방식으로 학급을 운영하고 싶어 하는 다른 교사들에게 조언해 달라고 부탁했다는 말을 듣고 나도 기뻤다.

이것이 여러분도 이미 여러 번 들어 본 사례라는 사실은 잘 알고 있다. 또 우리 학교는 안 그렇다거나, 우리에겐 그럴 만한 자원이 없다고 이의를 충분히 제기할 법하다는 점도 잘 알고 있다.

혹시 내가 지배 체제의 학급이나 학교를 삶을 풍요롭게 하는 학급이나 학교로 바꾸는 것은 쉬운 일이라고 생각한다는 인상을 여러분에게 주었다면, 절대로 그렇지 않다는 말을 하고 싶다. 그런 학교를 세우는 것이 얼마나 어려운 일인지는 나 자신의 경험을 통해 잘 알고 있다. 학교 설립에 직접 참여해 많은 노력을 기울였지만 실패한 적이 있기 때문이다. 흐름을 거슬러 헤엄치는 것, 이미 확립된 것 즉 전통적인 체계를 거슬러 가는 것은 결코 쉬운 일이 아니다.

내가 제안하는 삶을 풍요롭게 하는 교육 이념이 정착할 수 있도록 해 주는 것은 기법들이나 자학자습용 자료, 또래 교사 또는 여행사 직원 역할을 하는 교사가 아니다. 이런 교수법이 몇몇 학교의 울타리를 넘어 모든 학교에서 효과를 보려면, 삶을 풍요롭게 하는 학교뿐 아니라 삶을 풍요롭게 하는 모든 조직의 핵심을 이루는 것이 필요하다. 그것은 바로, 상호 의존하는 학습 공동체의 사례가 보여 주었듯이,

서로 돕고 서로의 삶을 더 멋지게 만들겠다는 목표이다.

비폭력대화 기술을 사용해서 "당신의 느낌과 욕구는 무엇인가?"라는 질문을 학생과 교사, 학교 관리자 그리고 우리 자신에게 끊임없이 던짐으로써 실제로 모든 사람의 욕구를 충족시킬 수 있다. 단순히 폭력과 비행을 줄이는 것, 아이들이 무사히 졸업할 때까지 가능한 한 오랫동안 학교에 다니게 하는 것, 대학 진학을 위한 학업성취도 평가에서 다른 학군 아이들보다 높은 점수를 받는 것, 작년보다 더 많은 아이들을 대학에 진학시키는 것 또는 수학능력시험에서 우리 학생들의 성적을 향상시키는 것 등은 이제 더는 제일 중요한 목표가 아니다.

이제 학생과 교사는 복종이냐 반항이냐 중에서 선택하지 않아도 된다. 모든 사람의 욕구를 충족시키겠다는 단 하나의 목표가 있을 때 학급과 학교는 탈바꿈할 수 있다. 우리가 알아낸 바로는 모든 사람의 기본 욕구는 다 같기 때문이다.

제6장

학교를 탈바꿈시키기

교육 혁신의 길이 비록 순탄하지는 않지만,
나는 그것이 지구의 평화를 이루는 데
가장 효과적이라고 본다.
미래 세대가 모든 사람의 욕구를 소중히 여기도록
조직된 학교에서 교육받을 수 있다면, 그들은 삶을
풍요롭게 하는 가정이나 일터 그리고
정부를 좀 더 잘 만들어 낼 수 있으리라고 믿는다.

당면한 문제들

확실히, 우리가 사는 이 지구에서는 우리 삶의 질을 통제하고 있는 현재의 조직과는 근본적으로 다른 조직이 필요하다. 이 지구는 모든 사람이 먹기에 충분한 식량을 생산하고 있는데도, 해마다 수백만의 사람들이 굶고 있다. 소름 끼치는 심리적·신체적·제도적 폭력의 한가운데에서 우리는 살고 있다.

나는 심리학자 조지 밀러George Miller가 한 말에 동의한다.

"오늘날 우리 세계가 당면한 가장 시급한 문제는 우리가 스스로 만들어 놓은 것이다. 그 문제들은 무관심하거나 악의에 찬 자연에 의해 야기된 것이 아니고, 신의 의지에 따라 우리에게 내려진 형벌인 것도 아니다. 그것은 인간의 문제이며, 그것을 해결하려면 우리의 행동과 사회 제도를 우리 스스로 바꿀 필요가 있다."

삶을 풍요롭게 하는 교육은 이러한 인간 문제들을 학생들이 능동적으로 해결할 수 있는 힘을 길러 주는 학습 기회를 교사들이 어떻게 제공할 수 있는가에 초점을 맞추고 있다. 학생들은 자신의 삶을 풍요롭게 하는 방법을 배우고, 다른 사람들도 그렇게 하도록 도와줄 수 있다.

지배 체제

우리는 어떻게 불필요한 고통과 폭력을 빚어내는 인간 문제를 안고 그에 시달리며 살게 되었는가? 문화사가이며 진화론자인 라이앤 아이슬러는 저서 『성배와 칼The Chalice and the Blade』과 최근에 출간된 *The Power of Partnership*(공동 협력의 힘)에서, 협력 모델과 지배자 또는 지배 체제 모델 사이의 투쟁이 어떻게 수천 년을 거슬러 올라가는지 보여 준다. 라이앤 아이슬러는 3만 년에 걸친 인간의 진화에 관한 연구(『성배와 칼』, 1987)에서, 우리의 문제는 선사 시대에 형성된 초기의 협력 문화가 지배 문화에 의해 정복되고 억압받은 것에서 비롯하였다고 말한다.

신학자 월터 윙크Walter Wink는 아이슬러의 이론을 인용하면서, 우리 행성의 인간 조직은 약 1만 년 전부터 우리의 영성·사회 구조·교육과 인간적 발달을 통제하는 '지배 조직' 노릇을 해 왔다고 말한다[*Powers That Be*(기득권자들), 1999]. 윙크의 정의에 따르면, 지배 조직의 특징으로는 자원과 특권의 불평등한 분배, 권력의 위계질서, 소수가 다수를 지배하는 명령 체계를 유지하기 위한 폭력 사용 등을 들 수 있다. 우리는 가족, 학교, 종교 조직, 업무 조직, 정부 안에 이런 체계를 가지고 있으며, 이들은 모두 같은 규칙에 따라 움직인다.

아이슬러와 마찬가지로 월터 윙크도, 지배 체제는 인간이란 본질적으로 이기적이고 폭력적인 존재라는 정의에 바탕을 두고 있다고 주장한다. 그 정의가 사실이라면, 우리는 우리 가운데 가장 덜 사악한 사람이 다른 사람들을 통제하는 지배 체제를 가질 필요가 있다. 그래서 누가 그 최고의 자리에 올라야 할 것인가를 둘러싼 논쟁이 몇 세기에 걸쳐 끊임없이 이어져 오고 있다.

'지배하는 힘'의 수단인 처벌과 보상을 사용함으로써 다른 사람들을 통제하는 것이 그들의 기본 수법이다. 그들은 복종하지 않는 사람들을 처벌할 수 있는 권한을 가지게 된다. 그들이 사람들을 교육하는 유일한 방법은 사람들을 훈계하는 것이다. 즉, 사람들이 얼마나 나쁜지, 그래서 어떤 상과 벌을 받아 마땅한지를 가르치는 것이다. 인간을 이런 식으로 보는 구조에서는 자신이 우월하다고 주장하는 사람들에 의한 지배와 통제가 정당화된다.

윙크가 말하는 지배 체제란 나치 독일 정부 같은 전체주의적 정부만 가리키는 것이 아니다. 동등한 기회란 미국에서조차 허울 좋은 거짓말임을 보여 주는 예는 얼마든지 있다. 권좌에 앉은 사람들, 최고의 직업을 가진 사람들, 최고의 거주 지역에 사는 사람들, 그리고 최상의 교육을 받는 사람들 같은 특권층 사람들을 얼마든지 볼 수 있다.

지배 체제 권력에 대해 일단 깨닫게 되면, 삶을 풍요롭게 하는 체제로 탈바꿈시키기는 그만큼 더 쉬워진다. 이 체제는 모든 시민의 욕구를 충족할 더 나은 기회를 제공하기 때문이다. 나는 현재와 미래 세대의 어린이들이 그런 체제들-인간의 욕구를 충족시키는 것, 다시 말해 자신과 다른 사람들의 삶을 더 멋지게 만드는 것을 목표로 하는 체제들-을 만들어 낼 수 있도록 교육하고 싶다. 바로 이 깨달음에서, 우리 아이들에 대한 교육은 출발할 수 있다.

갈등 해결

어떤 학교에든 두 가지 핵심적인 문제가 있다. 질서를 어떻게 유지하고, 갈등을 어떻게 해결하느냐이다. 삶을 풍요롭게 하는 학교를 만드는 데 중요한 요소는 쌍방이 만족할 수 있는 방식으로 갈등을 해결하는 기술이다. 지배 체제의 학교에서는 교사와 관리자들이 자신의 경험을 근거로 학생에게 '무엇이 최선인지'를 결정하고, 규칙과 규정을 만들어 처벌과 보상을 통해 학생들을 강제로 따르게 한다. 이 방법으로 규칙과 규정을 확립해 가는 과정에서 교사와 관리자들은 학생들과 상의할 수도 있고 하지 않을 수도 있다. 하지만 결국은 교사와 관리자들이 일방적으로 결정한다. 자기들은 전문 지식과 경험이 있으니 그렇게 할 권리가 있다는 것이 그들이 내세우는 근거이다.

그러나 삶을 풍요롭게 하는 교육에서는 질서를 유지하는 데 필요한 모든 규칙과 규정은 교직원과 학생들이 모든 사람의 욕구를 존중하면서 대화를 통해 결정한다. 이 과정에서는 그 누구도 양보하거나 포기하거나 타협하지 않는다.

이런 식으로 질서를 유지하고 갈등을 해결하려면 교직원과 학생들이 비폭력대화를 잘 구사할 필요가 있다. 교직원과 학생들이 서로의 느낌과 욕구에 공감하고 그것을 표현할 수 있어야 한다. 그리고 이와 같은 질적 공감이 이루어진 뒤, 양쪽 모두의 욕구를 충족할 수 있는 행동을 찾아내기 위해 함께 문제 해결에 나서야 한다.

이때 중요한 것은, 그 누구든 어떤 행동을 실행에 옮기는 데 동의하기 전에 그렇게 행동하려는 동기가 무엇인지 알아야 한다는 것이다. 다시 말해, 욕구를 충족시키겠다는 단 하나의 목적만 있는지, 아니면 처벌이나 죄책감·수치심을 피하기 위해 무엇인가를 해야겠다는 생각이 조금이라도 있는지 확인해 보아야 한다. 그 누구도 의무감이나 책임감 때문에 행동하려고 해서는 안 되고, 좋은 성적을 받거나 외부에서 주어지는 어떤 보상을 받기 위해 행동해서도 안 된다.

이런 식으로 질서를 유지하고 갈등을 해결하는 것에 반대하는 사람들은 이렇게 말한다.

"글쎄요, 아이들은 권위자를 존중하는 법을 배워야 하지 않을까요? 그게 바로 우리가 가르쳐야 할 일입니다. 아이들이 권위를 존중하게끔 만드는 것 말이에요."

그러면 나는 이렇게 응수한다.

"당신이 원하는 것은 아이들이 권위를 존중하도록 가르치는 것입니까, 아니면 당신이 힘 있는 지위에 있을 때 아이들에게 무엇을 할 수 있는지를 보여 주어서 두려워하게 만드는 것입니까?"

우리 대부분이 지배 체제 안에서 교육받았기 때문에 그 둘 사이에 어떤 차이가 있는지를 구별 못 하기 쉽다.

나는 권위에 대한 존중을 이렇게 정의하고 싶다. 어떤 학급에서 교사가 학생들이 배우고 싶은 것이 무엇인지 알아내고 그것을 억압적이지 않은 방법으로 가르친다면, 그 학생들은 교사의 권위를 존중하는 것을 배우게 될 것이다. 그 교사는 존중을 강요하지 않았다. 다만 그처럼 존중받을 만한 행동을 했을 뿐이다. 교사의 '권위'를 판단할 수 있는 마지막 근거는 학생이다. 다시 말해, 교사의 권위는 학생들을 통해 매일 분명하게 드러난다. 그러나 권위에 대한 존중이라는 허울을 쓰고 있는 권위에 대한 두려움은 얻기가 쉽다. 직함이 있는 사람들에게 처벌과 보상을 행사할 수 있는 합법적인 권한을 주기만 하면 된다.

권위에 대한 존중과 두려움의 다른 점은 자율과 복종의 차이로도 설명이 가능하다. 원하는 것이 복종이라면 처벌과 보상이면 충분하다. 대개는 그런 식으로 복종을 배운다. 바퀴벌레를 T 자형 미로 속에 집어넣고 오른쪽으로 돌면 먹이를 조금 주고, 왼쪽으로 돌 때에는 전기 충격을 가하면 바퀴벌레도 복종을 배운다. 그러나 여러분이 원하는 것이 자율이라면 억압적인 방법은 전혀 쓰지 않으리라고 나는 믿는다. 억압적 방법은 자율성을 침해하기 때문이다. 자율적인 학생이

나 교직원은 상을 받고 싶은 욕망이나 처벌에 대한 두려움 때문이 아니라 자신의 가치관에 따라 행동한다. 자기가 하는 일이 어떻게 자신이나 다른 사람들의 행복에 기여하는가에 가치를 두는 것이다.

많은 교사들이 처벌, 보상, 죄책감, 수치심 또는 의무에 대한 책임감 등으로 동기를 부여하지 말라는 말을 들으면 무력감을 느낀다. 그들은 내게 묻는다, 그러면 무엇이 남느냐고. 남는 것은 사람들 사이의 유대감, 그리고 자아실현과 타인의 행복에 기여하려는 바람이다. 내 경험에 비추어 보면, 인간의 이 기본 욕구는 비폭력대화를 배움으로써 충족될 수 있다. 우리는 우리에게 소중한 것이 무엇이고, 상대방에게 그것을 고려해 보라고 권하는 이유가 무엇인지 말한다. 그리고 우리 또한 다른 사람들의 느낌과 욕구에 귀 기울인다.
이렇게 하려면 교사가 비폭력대화에 능숙해야 한다. 그들이 가르치는 아이들이 지배 체제에서 자란 경우가 많기 때문이다. 따라서 복종 혹은 반항에 반대되는 자율은 하루아침에 이루어지는 것이 아니다. 삶을 풍요롭게 하는 학교를 만들려고 노력하는 학교에서 첫 한 주가 이루 말할 수 없이 혼란스러울 수 있는 것도 그 때문이다.

한번은 공립학교에서 자퇴했거나 퇴학당한 학생들을 위해 삶을 풍요롭게 하는 학교를 설립할 수 있도록 도와달라는 부탁을 받았다. 우리는 공립학교에서는 다룰 수 없는 학생들에게도 삶을 풍요롭게 하는 교육은 다가갈 수 있다는 것을 증명해 보이고 싶었다. 그런 학교에서 일할 수 있도록 교사들을 준비시키는 것이 나의 일이었다.

그 학교의 재정 관계로 나흘 안에 교사들을 준비시켜야 했기에 내가 원하는 만큼의 심도 있는 훈련을 할 수가 없었다. 더구나 그들은 정교사도 아니었다. 예산이 터무니없이 부족해 그 학교에서 가르칠 교사를 대학에 요청해 찾아야 했던 것이다. 그렇게 공립학교에서는 손을 내밀어 잡아 주지 못한 아이들과 선의의 봉사자들이 내 앞에 있는데, 나에게 주어진 시간은 단 나흘뿐이었다.

교사들 중 몇이 어떻게 해야 내가 제안한 대로 규칙과 규정을 만들고 갈등을 해결할 수 있을지 이해하지 못한 것은 당연했다.

가까스로 학교가 문을 열었을 때 처음 며칠 동안 나는 다른 곳에 가 있었다. 그런데 내가 돌아오자 교장으로부터 연락이 왔다.

"빨리 오세요! 사람들이 학교 문을 닫을 생각을 하고 있어요. 대혼란이에요!"

나는 서둘러 학교로 갔다. 가엾은 교사들은 일주일 전보다 십 년은 더 늙어 보였다.

나는 교장으로부터 자초지종을 듣고 난 후 말했다.

"열 명 정도의 아이들을 제 방으로 모아 주세요. 말썽을 제일 많이 일으킨 아이들을요. 이 학교에 질서를 세울 수 있게요."

교장이 열두 살에서 열다섯 살 사이의 학생 여덟 명을 선발해 데리고 왔다. 나는 학생들에게 내 소개를 하는 것으로 시작해 다음과 같은 토론을 했다.

마설 여러 반에서 손쓸 수 없을 정도로 사태가 악화되고 있다는 말을 선생님들한테 듣고 걱정된다. 난 이 학교가 성공하기를 무척이나 바랐거든. 무슨 일이 일어나고 있는지 나한테 말해 주고, 우리가 같이 해결할 수 있게 너희가 날 좀 도와주었으면 좋겠다.

윌 흥, 이 학교 선생들은 하나같이 바보들이에요.

마설 무슨 뜻이지, 윌? 선생님들이 뭘 어떻게 하시기에 그런 말을 하니? 예를 들어 보겠니?

윌 학생들이 무슨 짓을 하건 상관하지 않고 바보 천치마냥 웃는 얼굴을 하고 서 있기만 하잖아요.

마설 너는 학교에서 좀 더 질서가 지켜지기를 바라기 때문에 그게 싫은 거니?

윌 그렇죠. 누가 무슨 짓을 하든 선생님들은 그냥 바보처럼 웃으면서 서 있는 거예요. (같이 온 학생 한 명을 가리키며) 쟤가 어제 학교에 오면서 뒷주머니에 납작한 위스키 한 병을 찔러 넣고 왔거든요. 선생님이 문에 서 있다가 그걸 봤는데도 그냥 못 본 체하지 뭐예요. 게다가 웃으면서, "안녕, 안녕!" 하고 인사까지 하던데요.

이때다 싶은 학생들은 교사들이 얼마나 수동적인지 저마다 예를 들며 떠들기 시작했다.

마셜 좋아! 고맙다, 얘들아. 됐어, 그만. 너희는 내 질문에 대답해 주었는데, 이번에는 학교에 질서를 세우는 데 너희들의 도움이 필요하다.

조 선생님들은 회초리를 갖고 다녀야 해요.

마셜 조, 한 학생이 다른 학생을 괴롭히면 선생님이 그 애를 때려 주기를 바라니?

조 걔네들을 막으려면 그 수밖엔 없어요.

마셜 그 방법밖에 없다니 정말 실망스럽구나. 난 그런 식으로 문제를 해결하는 건 걱정스러워. 그래서 다른 방법을 배웠으면 한다.

에드 왜요?

마셜 몇 가지 이유가 있지. 예를 들어, 만약 내가 학교 안에서 말썽 좀 그만 피우라며 학생들을 회초리로 때린다면 어떻겠니? 그 중 서너 명이 교실에서 회초리로 맞았다고 하자. 그런데 내가 집에 가려는데 그 애들이 내 차 옆에 서 있는 거야. 그땐 어떻게 해야 할까?

에드 (웃으며) 그럼, 더 커다란 회초리가 있어야겠네요.

마셜 그래서 나는 그런 식으로 질서를 잡는 걸 걱정하는 거란다. 그렇게 되면 우리는 적이 되고 말아. 너희를 이 학교로 불렀을 때, 우리는 서로 협력하는 방식으로 모든 사람이 함께 공부하는 학교를 만들고 싶다는 말을 했다는 것을 기억해 두기 바란다. 매로 질서를 잡는다면, 우리가 이 학교에서 만들려고 하는 교사와 학생들 간의 유대감이 생기지 않을까 봐 걱정이 된다.

에드 선생님은 말썽꾸러기들을 이 학교에서 내쫓아 버리면 되잖아요.

마셜 그 생각도 실망인데……. 학교에서 학생들을 내쫓지 않고도 서로 다른 점을 해결하는 방법이 있다는 것을 보여 주고 싶어서 말이야.

윌 말썽만 부리고 아무것도 하지 않는 녀석이 있다면, 그 애를 '아무것도 하지 않는 방'으로 보내 버려요.

마셜 그게 무슨 말이니, 윌? 설명 좀 해 줄래?

윌 어떤 때는 기분이 너무 안 좋아서 말썽 일으키는 것 말고는 아무것도 하고 싶지 않을 때가 있어요. 어쩌면 학교 오기 전에 아버지한테 심하게 야단을 맞았는지도 모르죠. 그래서 말썽 부리는 것 말고는 아무것도 하고 싶지 않은 거예요. 그럴 때 누구든 갈 수 있는 방이 하나 있으면, 교실에 돌아가서 공부하고 싶어질 때까지 거기 가 있으면 되잖아요.

학생들 모두 윌이 하는 말을 이해하고, 그의 제안에 찬성하고 있다는 것이 보였다.

마셜 네 말은 그러니까, 윌, 다른 학생들이 공부하는 걸 방해하는 행동을 하는 학생에게 가라고 요구할 수 있는 방을 말하는 거니?

윌 맞아요. 말썽만 일으키고 아무것도 하지 않는다면, 그런 애들은 교실에 있어 봐야 아무 소용 없잖아요.

마셜 그거 아주 좋은 생각이구나. 다만 우리가 자기를 그 방에 보내는 것은 벌을 주려는 게 아니라 공부하기를 원하는 다른 학생들의 배울 권리를 보호하기 위해서라는 걸 그 방에 보내는 학생들한테 이해시킬 수 있다면 말이다.

좀 더 이야기를 나눈 후, 나와 그 모임에 함께했던 학생들이 각 교실을 다니면서 한 가지 제안을 하자는 데 합의했다. 그 제안이란, "너무 마음이 어지러워 공부를 할 수 없는 사람이나 다른 사람들이 공부하는 데 방해되는 행동을 하는 사람이 있으면, 선생님이 '아무것도 하지 않는 방'으로 가라고 부탁할 것이다. 그러면 그 사람은 그 방에 있다가 다른 사람들을 방해하지 않고 수업할 준비가 되면 다시 교실로 돌아오면 된다."라는 것을 시험적으로 한번 해 보자는 것이었다.

나는 이 규칙이 윌의 제안(교사나 학교 관리자가 일방적으로 만든 것이 아니라)이라는 점을 다른 학생들에게 분명하게 전해 주는 것이 중요하다고 강조했다. 또, 그 의도는 공부하고 싶어 하는 학생들을 보호하려는 것이지, 공부할 기분이 아닌 학생들을 벌주려는 것이 결코 아니라는 점도 분명하게 전하는 것이 중요하다고 강조했다.

학생들은 다른 학생들에게 이 두 가지를 분명하게 전달하는 일을 잘해 냈고, 그 계획은 좀 더 질서 있는 교실을 만들어 가는 데 훌륭한 역할을 했다. 교실 하나가 '아무것도 하지 않는 방'으로 꾸며졌다. 어떤 학생이 다른 학생들을 방해하면, 교사가(그리고 때로는 방해받는 학생들이) 그 학생에게 '아무것도 하지 않는 방'으로 가 달라고 부탁하곤 했다. 실제로 '아무것도 하지 않는 방'에는 할 일들이 아주 많이 있었다. 음악을 들을 수 있고 읽을 책도 있었다. 우리는 그 방에 보내는 의도가 벌을 주기 위해서가 아니라는 점을 전달하기 위해 할 수 있는 일은 다 했다.

'아무것도 하지 않는 방'에서는 좋은 의견 교환이 많이 이루어졌다. 수업 분위기를 흐리는 학생들은 전형적으로 내면의 고통을 많이 겪고 있으며, 그 고통을 이겨 내지 못해 파괴적인 행동을 하게 되는 것이다. 그래서 학생들의 이야기를 가장 잘 들어 주는 재능을 가진 교사가 그 방에 배정되었고, 그 재능은 놀라울 정도로 발휘되었다.

그 규칙이 실시된 첫 2주 동안 '아무것도 하지 않는 방'은 학생들로 가득 찼다. 그러나 '아무것도 하지 않는 방'으로 가라는 부탁을 받을 만한 행동을 하는 학생들의 수는 급격히 줄었다.

내가 이 이야기를 하면서 회초리에 관한 부분에 이르면 이런 말을 하는 사람이 많다.

"그렇지요. 아이들은 자기들이 뭔가를 잘못했을 때에는 벌을 받고 싶어 하는 게 아닐까요? 아이들은 그런 것으로 자기들이 돌봄을 받고 있다고 생각할 수 있잖아요."

사람들이 아는 것이 오직 두 가지 선택, 즉 질서 아니면 무질서뿐일 때에는 그렇게 생각할 수도 있다는 점은 이해한다. 무정부 상태, 아무런 질서가 없다는 것은 누구에게나 두려운 상황이다. 그래서 아이들은 무정부 상태의 결과인 자유방임이냐 아니면 처벌과 그 결과인 질서냐 중 하나를 선택해야 한다면, 내 경험으로 보건대 매 맞을 상황에 있는 학생조차도 대부분의 경우 혼란보다는 회초리 쪽을 택한다. 그러나 다행히도 제3의 선택이 있다. 서로 의논하여 규칙을 만드는 것이다.

몇몇 권위자들에 의해 일방적으로 하달되는 것이 아니라 그 규칙으로 영향 받을 모든 사람에 의해 규칙이 만들어질 때, 그리고 그 의도가 벌을 주려는 것이 아니라 보호하려는 것이라는 점을 모두가 알 때 규칙은 더 잘 지켜진다. 이것은 나이와는 무관한 사실이다. 우리 성인들 가운데 고속도로에서 과속하는 사람이 얼마나 많은지 보라.

중재

교실에서 갈등을 일으킨 당사자들에게 그 갈등을 해결하는 데 필요한 대화 기술이 부족하다면, 제3자가 중재자 역할을 할 수 있다. 예를 들어 보자. 삶을 풍요롭게 하는 원칙들을 실천하고 있는 이스라엘의 한 학교에서, 나는 열 살짜리 두 남학생이 '피스메이커peacemaker'(그 학교에서 중재자를 부르는 이름)를 요청하는 것을 보았다. 두 아이가 운동장에서 싸움을 했는데, 자기들끼리 해결이 잘 안 되자 피스메이커를 찾아보기로 했던 것이다.

그날의 피스메이커 당번은 열한 살 남자아이였다. 모두 자리에 앉자 피스메이커가 첫 번째 아이에게 묻는다.

"관찰은?"

첫 번째 아이는 그것이 자기의 욕구와 맞지 않는 행동은 어떤 것인가에 관한 관찰을 부탁하는 말이라는 것을 알고 있었다. 그 아이가 대답했다.

"저 애가 별다른 이유 없이 나를 밀어서 운동장에 넘어뜨렸어."

피스메이커는 "별다른 이유 없이"는 평가이지 관찰이 아니라며 그 아이에게 주의를 주었다. 그 아이는 자기가 한 말을 고쳐서 이렇게 말했다.

"저 애가 나를 밀어서 운동장에 넘어뜨렸어."

피스메이커 "느낌은?"
아이 1   "속상했어."
피스메이커 "욕구는?"
아이 1   "존중받고 싶어."
피스메이커 "부탁은?"
아이 1   "저 애가 나를 밀어서 넘어뜨린 이유를 말해 주면 좋겠어."

피스메이커는 다음으로 두 번째 아이를 향해 첫 번째 아이가 표현했던 관찰·느낌·욕구·부탁을 반복해서 말하라고 요구했다. 두 번째 아이는 아주 쉽게 그렇게 할 수 있었다. 혹시 그렇게 하지 못했더라도 훈련받은 피스메이커는 첫 번째 아이가 했던 말을 두 번째 아이가 실수 없이 다시 말하도록 도와줄 수 있었을 것이다. 그런 다음, 피스메이커는 첫 번째 아이가 한 말을 두 번째 아이가 잘 이해하고 표현했는지를 첫 번째 아이에게 물어 확인했다.

이어서 피스메이커는 두 번째 아이를 향해 그의 관찰·느낌·욕구·부탁을 명확하게 하라고 요구한 다음, 첫 번째 아이에게 들은 것을 그대로 다시 말해 보라고 요구했다. 일단 두 사람 다 서로를 이해하고 나자, 피스메이커는 두 아이에게 양쪽의 욕구가 충족될 수 있는 방법을 알아낼 수 있겠냐고 물어보았다. 그 아이들이 서로 만족할 만한 해결 방법을 찾아 문제를 해결하는 데 불과 2, 3분밖에 걸리지 않았다.

마지막으로 피스메이커는 두 사람 다 어떻게 느끼는지 물어보았고, 첫 번째 아이가 대답했다.

"난 기분 좋아. 이 일이 있기 전에 우린 친구였고, 앞으로도 친구로 지내고 싶어."

여기서 두 아이와 피스메이커는 각각 교실로 돌아갔다.

교육 현장에서의
NVC

"너, 죽었어!"

　한 고등학교 상담 교사가 비폭력대화에 관심 있는 학생들과 함께 연습 모임을 만들어 일주일에 한 번씩 진행하고 있다. 이 모임의 학생 중 킴이 어느 날 몹시 힘들어하면서 상담 교사를 찾아왔다. 상담 교사는 킴에게 앉으라고 권하며 무슨 일이 있었냐고 물었다. 킴은 같은 학교 학생인 테스(비폭력대화 모임에 참가하지 않는)를 복도에서 마주쳤는데, 지나가면서 자기를 똑바로 노려보며 "너, 죽었어!" 하고 겁을 주었다고 한다.

상담 교사　이런, 킴, 너 떨고 있구나?
킴　네, 겁나 죽겠어요. 그 애가 진짜로 그러면 어떡해요?
상담 교사　(킴의 느낌과 욕구가 무엇인지 공감으로 들어 주면서) 그렇게 말할 때 테스가 속으로 무슨 생각을 하고 있었을지 궁금하니? 그리고 그 애가 정말 널 해칠 생각인지 알고 싶은 거지?

킴	그럴 수도 있어요. 게다가 정말 화가 난 것 같았어요.
상담 교사	(상황을 좀 더 분명히 파악하려고 애쓰면서) 그 애가 무엇 때문에 그렇게 반응했는지 너, 혹시 아니?
킴	그 애는 제가 다른 아이들한테 자기에 대해서 말한 것 때문에 화가 났어요.
상담 교사	음……, 그렇구나.
킴	제가 말한 건 사실이에요. 하지만 그 애도 제 험담을 하는걸요. 얼마나 많이 한다고요. (갑자기 화를 내며) 그래도 그 애가 제 목숨을 위협할 권리는 없어요!
상담 교사	(분노 밑에 깔려 있는 킴의 느낌을 헤아리려고 노력하면서) 그 얘기를 들을 때 정말 겁이 났고, 아마 진짜 그럴지도 모른다고 생각했구나.
킴	맞아요! 전 다치고 싶지 않아요!
상담 교사	그래……. (이제는 킴의 욕구를 반영해 주면서) 안전하기를 바란단 말이지?
킴	네. 전 그냥 살고 싶고, 학교에 오고 싶을 뿐이에요. 항상 등 뒤를 경계할 필요 없이요.
상담 교사	네 신변의 안전 말고도 학교 수업이라든가 친구들, 축구 같은 것에도 신경 쓸 수 있게 안심하고 싶다는 말 같은데?
킴	네, 전 정말 일이 왜 이렇게까지 됐는지 모르겠어요! 제가 그 애 욕을 했기 때문에 나에게도 일부 책임이 있다는 건 알아요. 제가 왜 그랬는지도 모르겠어요. 바보 같아요.
상담 교사	(킴의 판단을 느낌과 욕구로 바꾸어 말해 주면서) 네가 그렇게 한 것이 후회스럽고, 앞으로는 다르게 행동하고 싶다는 말 같구나.

킴	네. 전 정말이지 사람들 험담을 하고 싶지는 않아요. 모든 사람이 상처를 받을 뿐이거든요. 테스는 제가 없는 데서 욕을 하는데, 전 그게 정말 싫어요.
상담 교사	사람들이 그런 식으로 서로 험담하면 모두가 얼마나 힘든지 알고 있다는 말이지?
킴	(고개를 끄덕이며) 그럼요. 전 정말 그만하고 싶어요.
상담 교사	(킴이 공감을 받아 이제는 긴장이 풀렸다는 것을 알고 상담자 자신의 느낌과 욕구를 표현한다.) 네가 그렇게 말하는 것을 들으니 안심이 된다. 네가 이 일을 다르게 해 보려고 마음먹으면……, 그러니까 서로 상처 주는 말 대신 치유하는 말을 하면 테스와 이런 식으로 다투는 걸 그만둘 수 있겠다는 확신이 들어서 말이다. 그건 너도 알다시피 서로 소통하려는 마음에서 시작되잖아. 그러니 네가 오늘 테스와 얘기해 볼 준비가 되어 있는지 궁금하구나. 아니면 그에 앞서 더 많은 이해가 필요하니?
킴	(생각을 위해 잠시 뜸을 들였다가) 전 준비가 된 것 같아요. 그렇지만 그 애와 얘기하기가 겁나요. 선생님이 함께 있어 주세요.
상담 교사	그러마. 나한테 했던 것처럼 네 느낌과 네가 바라는 것을 그 애한테 이야기하면 좋겠다. 그리고 그 애가 진정으로 네 말을 들을 수 있으려면 그 전에 우선 그 애도 공감이 필요할 거야. 이 문제에 대해서 그 애의 느낌과 욕구를 들어 줄 자신 있어?
킴	노력해 볼게요.

상담 교사는 그날 오후에 자기 사무실에서 테스와 킴이 만날 수 있는 자리를 마련했다. 킴이 먼저 와서 자리에 앉자 테스가 와서 방 안을 기웃거렸다. 테스는 킴을 노려보더니 안으로 들어와 킴과 마주 앉았다. 어깨를 구부정히 한 채 팔짱을 끼고는 바닥만 내려다보고 있었다.

상담 교사   너희 둘 다 이렇게 와 줘서 기쁘다. 너희 둘은 지금 여기에 있는 것이 약간씩 겁도 나고, 어떻게 될지 궁금하기도 할 거라고 생각해. (테스를 보며) 테스, 우선 이해를 위해 너에게 설명을 좀 해야 될 것 같다. 오늘 오전에 킴이 공감이 좀 필요해서 상담실에 왔었어. 너와의 사이에서 있었던 일 때문에 많이 흥분하고 있었거든. 원하는 공감을 받고 나서 킴은 너와 이야기하고 싶다고 했어. 너희 두 사람이 서로 들어 주었으면 하는 이야기를 들을 수 있도록 킴이 도와달라고 해서 내가 이 자리를 마련하게 되었다. 너희들 각자가 가지고 있는 느낌과 욕구를 서로 더 깊이 이해하기 위해서 말이다. 만약 서로에게 하는 말들이 비난이나 비판처럼 들릴 때에는 내가 그걸 지금 이 순간의 느낌과 욕구로 바꾸어 줄 거야. 지금까지 내가 한 말에 대해서 어떻게 생각하니?

테스   (여전히 아래만 내려다보며) 좋아요.

상담 교사   그래, 잘됐구나. 난 우리 모두가 편안하게 느끼는 게 중요해. 그러니 하다가 중간에 불편하다고 생각되면 언제든 말해 주기 바란다. 괜찮겠어? (둘 다 고개를 끄덕이는 것을 보고는 킴을 향해서) 자! 그럼, 킴. 너부터 테스에게 네 느낌과 욕

	구가 무엇인지 말해 줄래?
킴	좋아요. (테스를 보면서) 테스……, 난 지금 좀 겁나. 하지만 복도에서 네가 "너, 죽었어!"라고 말했을 때만큼은 아니야. 난 폴라 선생님(상담 교사)이 내 얘기를 들어 주시면 생각을 정리하는 데 도움이 될 것 같아서 선생님을 만나러 왔었어. 이제는 알아. 내가 정말로 원하는 건 우리 사이의 싸움을 끝내는 거라는 걸 말이야.
상담 교사	(테스가 그 메시지를 어떻게 받아들이고 있는지 보기 위해, 킴이 여기까지 말하고 나자 부탁을 할 것을 킴에게 환기시킨다.) 그러니까 킴, 네가 방금 말한 것에 대해서 지금 테스한테서 무슨 말을 듣고 싶니?
킴	내 얘기를 들을 때 네가 어떻게 느끼는지 알고 싶어.
테스	(처음으로 킴을 보면서 킴에게 눈을 고정시킨 채) 나에 관해 네가 이야기한 건 거짓말이야. 그런데 이젠 사람들이 모두 그렇게 믿게 됐어. (주: 테스의 대답은 어떻게 느끼느냐고 킴이 물어본 데 대한 대답이 아니다. 그 대신 테스는 자신의 고통을 표현했다. 그것은 지금 자기에게 필요한 것은 공감이라는 점을 분명히 밝히는 말이다.)
킴	(자기를 표현하는 것에서 테스의 말을 듣는 쪽으로 바꾸며) 내가 한 말에 화가 났다는 거구나. 네가 원하는 건 사람들이 진실을 알고, 사실이 아닌 험담을 믿지 않는 거지?
테스	그래. 사람들이 지금 나한테 화가 나 있어. 내 남자 친구까지도. 그런데 그건 다 네가 한 말 때문이야.
킴	너와 친한 사람들이 너한테 화가 났다니 끔찍하겠구나. 그게 사실이 아니기 때문에 더 속상한 거지?

테스	그래. 대체 왜 그 따위 소리를 하고 다녔어?
킴	(자기 자신과 연결되기 위해 심호흡을 두 번 하면서) 그게 사실인지 아닌지는 나도 잘 몰라. 내가 너에 대해 한 말들 말이야. 그런데 내가 왜 그런 말을 했냐 하면, 네가 나에 대해 한 말들도 그렇고, 또 우리가 서로에게 했던 일들 때문에 나는 심하게 상처받고 있었거든. 난 그냥 내가 받은 만큼 너한테도 상처를 주고 싶어서 그런 말을 했을 뿐이야. 내 말이 무슨 뜻인지 알겠니?
테스	그래. 상처받는다는 게 어떤 건지 알지. 그래서 앙갚음하고 싶은 것도 알아. 그러면 기분이 좀 나아지지, 잠시 동안은.
킴	그래. 나는 우리 둘이 서로 주고받은 상처를 생각하면 정말이지 슬퍼. 내가 한 말들이 후회가 되기도 하고, 또 다른 일들도……. 난 이제 싸우고 싶지 않아. 그리고 우리가 잘 지낼 수 있는지 알고 싶어.
테스	그럼, 사람들이 나에 대해서 믿고 있는 거짓말은 어떡하고?
킴	어떻게 하면 그 일을 해결할 수 있을지 얘기해 볼 마음 있니?
테스	그래. 우리가 정말 그렇게 할 수 있을 것 같니?
킴	(눈물을 글썽거리며 미소를 지으면서) 그래. 난 진짜로 그럴 수 있기를 바라.

이 대화는 격한 감정으로 어쩌면 위험할 수도 있었던 상황이 서

로 공감하고 솔직하게 대화를 나누면서 어떻게 누그러질 수 있는지를 보여 준다. 킴과 테스가 나눈 이 대화에서 생겨난 신뢰와 유대감은 NVC에서는 흔히 있는 일이다. 어떤 상황에서는 더 많은 시간과 대화가 필요할 터이다. 이 사례에서 볼 수 있는 것처럼, 둘 중 한 사람만 NVC를 알고 있어도 연결이 이루어질 수 있다.

도덕주의적 판단과 진단 피하기

모든 사람의 욕구가 충족되도록 갈등을 해결할 수 있는 대화 과정이 교사들 때문에 방해받는다. 지배 체제는 교사들이 학생들에 대해 도덕주의적 판단과 분석을 하도록 가르치기 때문이다. 도덕주의적 판단과 진단은 공부를 하지 않거나 비협조적인 학생, 어떤 식으로든 교사가 원하는 대로 행동하지 않는 학생은 무엇인가 잘못되었다는 뜻을 암시하고 있다.

나는 교사가 자신이 바라는 대로 행동하지 않는 학생의 행동을 설명하기 위해 흔히 사용하는 다섯 가지 진단 유형을 알게 되었다.

진단 유형 1 학습 장애 혹은 특수 교육 필요

교사가 보기에 학습을 할 능력이 없거나 교사가 원하는 만큼 빨리 하지 못한다고 판단되는 학생들을 표현할 때 이런 진단을 사용한다.

진단 유형 2 이상 행동

교사들은 학습 능력은 있으나 배우는 데 필요한 동기나 자제력이 결핍되어 있다고 판단되는 학생들을 표현할 때 이 진단을 사용한다. 이 진단에 함축된 의미는, 이상 행동을 하는 학생은 집에서 가정교육을 제대로 받지 못해서 인성 문제가 있다는 것이다.

진단 유형 3 **정서 장애**

학습 능력은 있으나 정서적인 병리가 있어서 학습을 할 수 없다고 판단되는 학생들을 표현할 때 이 진단을 사용한다. 대개는 기능 장애를 가진 가족 속에서 자라난 결과라고 판단한다.

진단 유형 4 **문화적 결손**

학습에 필요한 지적 능력은 있으나 학업을 수행할 수 있을 만큼 충분히 문화적 경험을 하지 못했다고 생각되는 학생들을 표현할 때 이 진단을 사용한다.

진단 유형 5 **주의력 결핍 과잉 행동 장애(ADHD)**

에너지는 넘쳐나는데 일정한 시간 동안 무엇인가에 주의를 집중할 수 없는 것처럼 보이는 학생들을 표현할 때 이 진단을 사용한다.

다른 학생들도 이미 그런 꼬리표가 붙여진 채로 교실에서 교사를 만난다. 부모가 자녀를 유치원에 보내면서 책가방에 리탈린Ritalin(어린이의 주의력 결핍 장애에 쓰이는 약의 상표명 – 옮긴이)을 넣어서 보낸다. 유치원에서 주의력 결핍 또는 주의력 결핍과 과잉 행동 장애(ADD/ADHD)라는 꼬리표가 붙었기 때문이다.

내가 다녔던 정규 학교 교육을 받은 사람은 누구나 '특수 교육이 필요한' 학생이 따로 있다고 생각하게 된다. 수학을 잘하는 학생 또는 못하는 학생, 읽기가 서툰 학생 또는 읽기에 뛰어난 학생이 있다고 생각하게 된다. 이런 생각 때문에 많은 훌륭한 학생들이 스스로에 대해 부정적인 이미지를 갖게 되어, '사람들이 날 바보라고 생각하지 않을까?' 걱정하면서 불안해하게 된다.

이렇듯 우리가 '내가 실수하면 남들이 나를 어떻게 생각할까? 또 나는 나 자신을 어떻게 생각하게 될까?' 하는 것에 의식의 초점을 맞추어 살면 어떤 공부를 하더라도 겁이 날 것이다. 그래서 약 15퍼센트의 학생들이 "아예 바닥에서 잠을 자면 침대에서 떨어질 일을 걱정할 필요가 없다."라는 철학을 따르는 것이다. 우리가 학습 부진아라고 부르는 학생들 다수는 정답을 모를까 봐 두려운 나머지 공부를 포기한 경우가 많다. 그들은 더 쉽고 안전한 쪽을, 차라리 아무것도 하지 않는 쪽을 선택한 학생들이다.

케네스 클라크Kenneth Clark는, 이런 유형에 따라 진단을 하고 꼬리표를 붙이게 되면 말이 씨가 되어 학생들이 그런 행동을 하게 되는 것 같다고 했다. 나는 그의 생각에 동의한다.

"…… 아이들을 우열반으로 나누는 제도, 즉 아이들의 학습 능력을 어떤 가정 아래 판단하고, 그 아이들을 어떻게 다룰지, 아니면 얼마나 많이 가르칠지 혹은 안 가르칠지를 정하는, 아이들을 틀에 집어넣는 교육 제도가 일단 수립되면, 결국은 그 가정을 정당화하는 결과가 나오게 된다.

우리는 지능 검사 점수를 이용해서 아이들에게 평생 지울 수 없는 낙인을 찍고, 아이들을 우열반으로 나누거나 동질 집단으로 만든다. 그러고는 그것을 바탕으로 어떤 교육을 시킬지 결정한다. 그런 조치들은 우리의 공립 학교 제도에 참을 수 없이 비민주적인 계층적 사회 질서를 강요하고, 그리하여 공교육 원래의 목표를 무너뜨린다. 그렇게 되면 우리가 바로잡으려는 병리 현상 자체가 더 유발되고 영속된다. 도저히 교육할 수 없다고 취급되는 아이들은 대개는 틀림없이 교육할 수 없게 되어 버린다. 많은 아이들이 지금 체계적으로 분류되고, 등급이 매겨져 그룹으로 나뉘고, 부진아·훈련 가능아·훈련 불능아·A반·B반·야옹이반·토끼반 등의 이름이 붙여진다. 그러나 그 모든 것은 결국 그 아이들은 제대로 교육을 받지 못하고 있다는 사실에 덧붙여지는 이름이며, 그처럼 배우지 못하므로 그들은 낙오될 수밖에 없다."

―케네스 클라크, *Dark Ghetto*(암울한 게토), 1965

이런 진단이 내려지면 교사들은 자신이 그 아이들을 위해 적극적·건설적으로 무엇인가 해 줄 수 있다는 자신감을 더는 가지지 못하게 된다. 그런 진단에서 발생하는 또 다른 위험은, 자신이 지치지 않으려면 다른 사람들에게 '책임을 떠넘겨야' 한다는 사실을 교사가 자기도 모르게 당연히 여기게 된다는 것이다. 예를 들어, '학습 장애'라는 꼬리표가 붙은 학생들이 있다고 가정하자. 그 꼬리표에는 학습 장애 학생들을 다룰 준비가 좀 더 잘 되어 있는 특수 교육 교사에게 그 학생들을 보내야 한다는 뜻이 내포되어 있기 쉽다.

'정서 장애'라고 진단받은 학생들이 다시 교실로 돌아와 어려움 없이 공부하려면 사회복지사나 심리학자 또는 정신과 의사처럼 그 아이들의 문제 해결을 돕는 것을 직업으로 하는 사람들에게 보내야 하는 경우가 있다. 만약 교사들이 긍정적인 학습 분위기를 만들려는 노력을 소중히 여기는 시스템으로부터 학급 운용에 필요한 지원을 받는다면, 교사들은 다양한 욕구를 가진 학생들을 수용할 수 있는 적극적인 학습 환경을 만들어 내는 데 더 힘을 기울일 수 있을 것이다.

보호를 위해 사용하는 힘

교사와 학생들이 어떤 갈등 상황에서 서로의 느낌과 욕구에 공감할 수 있다면, 보통은 양측의 욕구를 다 충족할 수 있는 해결 방법을 찾을 수 있다. 아니면, 적어도 당사자들이 동의할 수 없다는 데 기꺼이 동의할 수도 있다.

하지만 어떤 상황에서는 그런 대화를 할 기회조차 없다. 그래서 생명을 보호하거나 개인의 권리를 보호하기 위해 힘을 사용할 수밖에 없는 경우도 있다. 예컨대, 학생들이 자신에게나 다른 사람들에게 위험한 행동을 하고 있는 것에 대해 교사가 대화를 하려고 하지만 학생들이 응하지 않을 수 있다. 또는, 인명이나 재산을 해치겠다는 위협이 눈앞에서 벌어지고 있는데도 소통할 시간이 없을 수도 있다. 이런 상황에서는 교사가 힘을 사용하는 것을 선택할 수도 있다. 이때 학생을 보호하기 위해 힘을 사용하는 것과 처벌하기 위해 힘을 사용하는 것의 차이를 교사가 잘 아는 것이 중요하다.

힘을 사용하는 것이 학생을 보호하기 위한 것인지 처벌하기 위한 것인지를 구별하는 한 가지 방법은, 힘을 사용하는 사람의 의도를 살펴보는 것이다. 학생을 보호하기 위해 힘을 사용하고 있는 교사는 다른 사람을 도덕주의적인 방식으로 판단하지 않는다. 그의 의도는 자신이나 다른 사람을 보호하는 데 초점이 맞추어져 있다.

어린 학생이 차도를 향해 달려가고 있을 때 차도에 뛰어들지 못하게 물리력으로 제지하는 교사는 오로지 학생을 보호하겠다는 일념으로 힘을 쓰는 것이다. 이때 굳이 그 어린이를 때리거나, "무슨 짓이야, 넌 어쩜 그렇게 멍청하니?" "부끄러운 줄 알아라!"와 같은 말로 심리적으로 공격하는 식으로 처벌하기 위한 힘을 쓰지 않더라도 보호 행동은 가능하다.

처벌 행동의 밑바탕에는 사람들이 자신이나 다른 사람을 해치는 행동을 한다는 가정이 자리 잡고 있다. 그것은 사람들이 어릴 때에는 버릇없이 굴다가 나이 들수록 점점 더 사악한 인간이 되기 때문에 그렇다는 것이다. 이 사고방식의 결론은, 그런 현상을 바로잡으려면 잘못된 행동을 하는 사람들에게 벌을 줌으로써 후회하고 변화하도록 해야 한다는 것이다. 그러나 실제로는, 처벌에 그런 효과는 거의 없다. 처벌은, 원래 의도했던 참회와 학습을 유발하기보다는 당하는 사람의 마음속에 원망과 적의를 불러일으켜, 행동을 바꾸는 데 대해 오히려 거부감을 더 느끼게 만들기 쉽다.

보호를 위한 힘의 사용은 사람들이 자신이나 다른 사람들을 해치는 행동을 하는 것은 무지 때문이라는 가정을 바탕으로 한다. 자신의 행동이 다른 사람들에게 어떤 영향을 끼치는지 몰라서 그럴 수도 있고, 다른 사람들의 욕구를 침해하지 않으면서 자신의 욕구를 충족시키는 방법을 몰라서 그럴 수도 있다는 것이다. 또는, 타인의 욕구를 침해하는 것을 정당화하는, 문화적으로 학습된 무지(예컨대, 다른 사람들은 그들이 한 행동 때문에 고통 받아 마땅하다는 자신의 믿음을 정당화하는 것) 때문에 그럴 수도 있다.

보호하기 위해 힘을 사용하는 사람의 의도는 누군가의 권리가 손상되거나 침해당하는 것을 막는 데 있다. 그러나 처벌하기 위해 사용하는 힘 뒤에 숨어 있는 의도는, 사람들에게 자기 행동의 잘못을 인지시킴으로써 고통을 받게 하는 것이다.

연습문제 07

'보호를 위한 힘' 대 '처벌을 위한 힘'

　보호하기 위해 사용하는 힘과 처벌하기 위해 사용하는 힘을 구별하는 열쇠는 힘을 사용하는 사람의 의도이다. 보호하기 위해 힘을 사용하는 사람의 의도는 오직 보호하는 것이지만, 처벌하기 위해 힘을 사용하는 사람의 의도는 벌을 주는 것이다. 즉, 체벌을 가하겠다고 위협하거나 실제로 체벌을 가함으로써 수치심이나 죄책감을 유발하려는 것이다. 다음 중 교사가 분명히 보호하기 위해 힘을 사용한 상황이라고 판단되는 글의 번호에 동그라미를 쳐 보자.

① 점심시간에 한 학생이 다른 학생을 때리는 것을 교사가 본다. 교사는 누가 다치게 될까 봐 염려스럽다. 그래서 때리는 학생에게 다가가 "당장 교장실로 가거라! 거기서 나랑 이야기를 나눠 보자."라고 한다.

② 교사가 한 학생에게 질문을 하는데 학생이 대답하지 않자, 교사는 '이런 무례한 녀석! 버릇을 고쳐 줘야겠군!' 하고 생각하며, 그 학생에게 수업이 끝난 뒤 남으라고 한다.

③ 어느 학부모가 브라질로 가족 여행을 가서 찍은 슬라이드를 보여 주려고 학교에 왔다. 슬라이드를 보는 동안 한 학생이 떠들어서 다른

학생들의 주의가 산만해졌다. 교사가 몇 번 조용히 하라고 했지만 소용이 없었다. 교사는 실망스럽기도 하고, 한편으로는 다른 학생들이 슬라이드에 주의를 집중할 수 있기를 바라기도 한다. 그래서 그 학생에게 슬라이드 상영이 끝날 때까지 복도에 나가 앉아 있으라고 한다.

④ 교사는 몇몇 학생이 막대기로 서로 쿡쿡 찌르며 노는 것을 보고 말한다. "누군가 다치기 전에 당장 그만둬라. 자리로 돌아가서 안전하게 함께 놀 방법을 찾아보는 게 좋겠다."

⑤ 교사가 학생한테 말한다. "다른 학생들한테 공을 던지지 말라고 한 주일 내내 말했는데 여전히 그러는구나. 다음 쉬는 시간에 칠판을 닦아라."

⑥ 교사가 5분쯤 교실을 비운 다음 돌아와 보니, 학생들은 교사가 시킨 대로 책상에 앉아 책을 읽지 않고 뛰어다니고 있었다. 그래서 교사는 이렇게 말한다. "너희들은 책상에 앉아 있는 방법을 모르는 모양이구나. 점심시간이 시작돼도 10분 동안은 자리에 앉아 있는 훈련을 해야겠다."

⑦ 교사가 반 학생 전체에게 최근에 실시한 표준학력고사에서 낮은 점수를 받은 학생이 많아 몹시 실망했다고 말한다. 그러고는 한 사람 한 사람에게 시험지를 나누어 주면서 시험 점수를 불러 준다. 점수가 나쁘면 언짢은 얼굴로 머리를 설레설레 흔든다.

⑧ 한 학생이 복도에서 뛰다가 반대 방향에서 오던 교사와 부딪쳤다. 교사는 학생을 일으켜 주고는 앉으라고 한다. 그런 다음, 예전에 복도에서 뛰다가 다친 학생이 있다는 얘기를 들려주면서, 학교 건물 안에서 뛰지 말라는 규칙이 생긴 이유를 설명해 준다.

⟨연습문제 07⟩에 대한 나의 의견

1. 이 번호에 동그라미를 쳤다면, 교사가 보호를 위해 힘을 사용하는 것 같다는 데 대해 우리의 의견이 일치한다. 단, 교장이 그 아이를 벌주지 않으리라는 확신이 있다는 전제 아래.

2. 이 번호에 동그라미를 쳤다면, 우리는 의견이 일치하지 않는다. 이 교사의 생각은 대체로 처벌하려는 의도와 관계가 있는 판단의 일종인 것으로 보인다.

3. 이 번호에 동그라미를 쳤다면, 보호를 위한 힘의 사용을 보여 주는 분명한 사례라는 데 대해 우리의 의견이 일치한다.

4. 이 번호에 동그라미를 쳤다면 보호를 위한 힘의 사용을 보여 주는 사례라는 데 대해 우리의 의견이 일치한다.

5. 이 번호에 동그라미를 쳤다면, 우리는 의견이 일치하지 않는다. 글에 제시된 정보만으로는 교사의 의도가 무엇인지 분명히 알 수 없다. 내 생각에는 벌주려는 의도인 것 같다.

6. 이 번호에 동그라미를 쳤다면, 우리는 의견이 일치하지 않는다. 5번의 상황과 마찬가지로, 교사의 의도가 분명하지 않다. 벌주려는 의도였다고 짐작된다.

7. 이 번호에 동그라미를 쳤다면, 우리는 의견이 일치하지 않는다. 교사는 시험 점수를 공공연하게 발표하고 점수가 나쁜 학생들에게는 계속해서 실망을 나타냄으로써 죄책감을 유발하여, 학생들을 심리적으로 처벌하려 하고 있다.

8. 이 번호에 동그라미를 쳤다면 보호를 위한 힘의 사용을 보여 주는 사례라는 데 대해 우리의 의견이 일치한다.

후원 팀 만들기

우리 대부분은 공립학교가 불평등하고 결함이 많다는 점을 잘 알고 있다. 우리 사회의 '혜택 받지 못하는 사람들', 정확히 말해서 졸업해도(졸업이라도 한다면) 글을 잘 읽을 줄 모르고 취직도 할 수 없어 평생 빈곤이나 범죄의 수렁에서 헤어날 수 없는 사람들을 지켜 주어야 할 공립학교가 오히려 그들을 계속해서 혜택 받지 못하는 사람들로 남아 있게 만들고 있다. 교육 개혁을 요구하는 목소리들은 늘 커졌다 작아졌다 하기 마련이지만, 요즈음에는 유례없이 큰 것 같다.

그런데 내 평생 단 하나의 실수는, 학생들이 학습 기술을 더 많이 더 빨리 습득하는 학교, 폭력이 더 적고 협력은 더 많이 하는 학교를 만들기만 하면 모든 일이 잘되리라고 생각한 것이었다. 온 세상이 이렇게 말하리라고 생각했다. "이봐, 저 프로그램을 좀 보라고. 우리도 꼭 저렇게만 하면 돼!"

일단 이 책에서 설명한 프로그램을 만든 후, 그 프로그램이 계속될 수 있도록 후원 팀을 만들어야 한다. 그런데 삶을 풍요롭게 하는 학급과 학교는 교육 제도 안에서 힘들게 투쟁하고 있다. 교육 제도의 목적이 삶을 풍요롭게 하는 학교나 학급을 지원하는 것이 아니기 때문이다. 어떤 지배 체제에서나 그 목적은 알게 모르게 현재의 지위를 유지하는 것이다. 즉, 소수의 사람들이 부와 특권을 보유하는 한편, 나머지는 영원히 빈곤이나 빈곤에 가까운 상태로 남아 있는 경제 체제를 영속시키는 것이다.

이런 제도는 내가 제시하는 교육 혁신에 대해 긴 안목을 바탕으로 긍정적으로 반응하지 않는다. 새로운 교육 프로그램을 시작하는 것은 가능할지 모르나, 그 학교들이 지속될 수 있도록 계속 후원하는 사람들이 모여 팀을 조직하지 않는 한 원래의 구조와 방식으로 곧 되돌아갈 터이다.

마이클 캐츠Michael Katz의 책 *The Irony of School Reform in America*(미국 학교 개혁의 아이러니)를 읽어 보면 그 이유를 알게 된다. 그저 교육 제도만 바꾸려고 하면 더 큰 그림을 보지 못한다. 우리는 미국의 공교육이 시작된 이래 있어 왔던 개혁 운동의 역사를 단순히 반복하기만 하게 될 것이다. 다시 말해, 개혁 운동으로 옛 프로그램보다 나은 새로운 프로그램을 만들어 내더라도, 5년이 지나면 사라져 버린다는 것이다.

캐츠의 말을 빌리면, 교육 개혁자들의 문제는 오로지 교육 제도만 개혁하면 모든 일이 잘되리라는 가정에서 비롯한다. 정치적으로 세련되지 못한 그들은, 학교의 잘못된 점은 잘 보지만, 잘되고 있는 점은 보지 못한다. 즉, 공교육이 애초에 설정한 다음과 같은 목표들을 성취하고 있다는 것을 보지 못한다.

① 계급 제도의 유지: 특권층 출신의 아이들은 훨씬 준비가 잘된 상태에서 배우기 시작하며 따라서 성공하기가 그만큼 더 쉽다.
② 외적인 보상을 받기 위해 공부하라고 학생들을 가르치는 것: 지금 배우는 것이 자신의 삶에 보탬이 되는지 여부를 살피기보다

는 성적을 위해 공부하라고 가르치는 것. 그리하여 훗날 그들은 봉급을 받기 위해 일하게 된다.

③ 권위에 복종하는 것이 좋은 삶이라는 시각을 유지하게 하는 것

교사들에게 "당신들은 기본적으로 어떤 기준에 따라 평가받는가?"라고 물으면, "조용한 교실, 교실 내의 질서"라고 답하는 사람이 많았다. 이것이 첫 번째 목표였으며, 두 번째는 '잘 꾸며진 학급 게시판'이었다. 최근에는 '더 많은 책임', '학력고사 점수 향상'을 요구하는 소리들을 듣게 되었다. 그러나 대다수의 의견은 여전히, 이 목표들은 예쁘게 꾸며진 게시판이 있는 조용한 교실에서만 달성될 수 있다는 것이다.

이렇듯, 자신의 교육 철학이 어떠하든 간에 모든 개혁가들은 교육자의 관점에서 학교 프로그램을 평가하고 있다. 정치적 인식이 부족한 그들은, 미국의 공교육이 학교를 통제하는 지배 체제의 경제 및 정부 조직에 맞추고 순응하도록 사람들을 기르고 교육하기 위해 확립되었다는 것을 알지 못했다. 이와 같은 근원적인 진실을 의식하지 못한 채 시행하는 개혁은 그 어느 것도 성공하기 어렵다.

일리노이 주 락포드에서 내가 관여했던 한 학교 프로그램에서, 삶을 풍요롭게 하는 학교를 후원하는 팀을 만드는 일이 얼마나 중요한지 분명히 알게 되었다. 삶을 풍요롭게 하는 학교를 세우는 데 내가 처음으로 기여할 수 있는 기회를 가진 때였다.

서론에서 밝혔듯이, 비전과 용기가 있는 교장과 교육장이 시범 프

로젝트의 하나로 삶을 풍요롭게 하는 학교를 세우려는 꿈을 품고 있었다. 전통적인 학교가 가지지 못한 장점을 지니고 있다는 것을 증명해 보이기 위해서였다. 그 프로젝트의 유효성을 확인시킨 후, 제도권 내의 모든 학교를 삶을 풍요롭게 하는 학교로 만들려는 계획이었다.

학교 프로젝트가 출범하고 얼마 되지 않아 그에 대한 저항이 일어났다. 지역 사회는 아직 그런 가치에 바탕을 둔 학교에 익숙하지 않았던 것이다. 교육장과 교장은 거친 비판을 자주 받았고, 그들을 해임하려는 움직임도 여러 번 있었다. 그런데 다행히도 그 프로젝트는 계속될 수 있었다. 교육장이 만든 프로젝트를 지원하기 위해 조직된 학부모와 교사들로 구성된 팀 덕분이었다. 나는 그 팀의 교사들과 그들의 노력을 지원하려는 학부모들을 훈련시켜 달라는 부탁을 받았다.

교육적인 기준으로 보면 학교는 매우 성공적이었다. 학력은 높아졌고, 파괴적인 행위와 그 밖의 여러 가지 학교 폭력도 감소했다. 결과적으로 학교는 성공을 거두고 있었지만, 그 학교를 없애자는 캠페인을 주도했던 네 사람이 차기 교육위원으로 선출되었다. 지역 사회 주민들은 자신들이 다녔던 학교와는 근본적으로 다르게 돌아가는 학교를 이해하지 못하는 것 같았다.

학교 설립을 후원했던 학부모 팀은 학교를 지지하기 위해 계속 함께 노력할 필요성을 느꼈다. 학교의 원칙을 좀 더 잘 이해시키고 싶어서 교육위원회와 회합을 가질 계획을 세웠다.

그러나 그 만남은 약속을 정하는 것부터 쉽지 않았다. 서너 달이 걸렸다. 교육위원장은 학부모 팀에서 보내는 전화 메시지나 서신에 일절

응답하지 않았다. 다행히 팀원 한 명이 위원장과 같은 사교 모임의 일원인 한 여성을 알고 있었다. 학부모들은 그 여성에게 학교에 대해 설명했고, 얼마 후 그녀는 위원장으로부터 회합에 참석하겠다는 약속을 받아 내는 데 성공했다. 그리고 그 회합을 통해 바라던 결과를 얻어냈다. 비록 교육위원회가 그 학교를 없애자는 캠페인으로 선출된 교육위원으로 구성되기는 했지만, 마침내 그 학교를 그대로 두자는 데 동의한 것이다. 이렇게 후원하는 학부모 팀이 없었다면 그 학교는 사라지고 말았을 것이다.

나도 그 모임에 참석했다. 교육위원 중 내과 의사 한 사람이 있었는데 교육을 많이 받은 사람이었다. 나는 그 사람이 학교에 대해 왜 그렇게 불편하게 느끼는지 명확히 알기 위해 노력했다. 그 내과 의사는 "아이들이 다른 교실로 이동할 때 교사의 인솔에 따라 한 줄로 서서 가지 않는" 것을 보고 계속 마음이 불편했다고 한다. 내가 다른 예를 하나 더 들어 보라고 하자 이렇게 말했다.

"어떤 교실에서는 아이들이 게임을 하며 노는 것을 봤어요."

그러더니 내가 몇 년 동안 수없이 들었던 말을 했다.

"학교는 놀러 가는 데가 아니에요. 그저 놀기나 하고 장난만 치고 있으면 아이들이 무엇을 배우겠어요?"

그가 불편해했던 것은, 학교의 모습이 그가 학교에 대해 가지고 있는 개념과는 아주 달랐기 때문이었다. 우리 두 사람이 서로 조금씩 이해의 폭을 넓히게 되자, 마침내 그는 학교를 기꺼이 지원하겠다는 의사를 밝히기에 이르렀다.

우리 학교 탈바꿈시키기

교육 혁신의 길이 비록 순탄하지는 않지만, 나는 그것이 지구의 평화를 이루는 데 가장 효과적이라고 본다. 미래 세대가 모든 사람의 욕구를 소중히 여기도록 조직된 학교에서 교육받을 수 있다면, 그들은 삶을 풍요롭게 하는 가정이나 일터 그리고 정부를 좀 더 잘 만들어 낼 수 있으리라고 믿는다.

우리 사회에는 스스로의 노력으로 자신의 삶을 변화시키려는 개인을 지원해 주는 자원들이 많이 있다. 내가 여러분에게 제안하고 싶은 것은 학교나 다른 조직들도 그와 비슷하게 탈바꿈시키자는 것이다. 비폭력대화의 프로세스와 그 바탕에 깔려 있는 원칙들을 통해서 우리는 삶을 풍요롭게 하는 시스템을 만들어 낼 수 있다. 그 시스템은 다른 무엇보다도 우리가 즐겁게 할 수 있는 일을 할 기회를 우리 모두에게 줄 것이다. 자신과 타인의 삶을 좀 더 멋지게 만들 수 있고, 서로의 욕구를 충족시켜 줄 수도 있다. 과거에 학교나 학교 제도 안에서 무슨 일이 일어났건 간에, 학생들과 교사들과 학부모들과 관리자들이 삶을 풍요롭게 하는 방식으로 공감하는 법을 배운다면, 삶을 풍요롭게 하는 지역 사회가 반드시 만들어지기 시작할 것이다.

나는 이런 일이 몇 번이고 반복해서 일어나는 것을 몸소 체험했다. 그리고 이런 일이 일어날 때에는 말로 표현할 수 없을 만큼 아름답다.

관련 도서 목록

- Albert, Linda. *Cooperative Discipline*. Circle Pines, MN: American Guidance Service, 1996.
- Bebermyer, Ruth. "I Wonder"(LP album). La Crescenta, Ca: Center for Nonviolent Communication, 1971.
- Bebermyer, Ruth. "Given to". La Crescenta, Ca: Center for Nonviolent Communication, 1972.
- Benne, Kenneth D. "Authority in Education," in *Harvard Educational Review*, Vol. 40, No. 3. Cambridge, MA, August 1970.
- Bernanos, George. Quoted in *Civil Disobedience: Theory and Practice*. Hugo Adam Bedon, ed. New York: Pegasus, 1969.
- Child Development Project. "Start the Year." San Ramon, CA:

Developmental Studies Center, 1991.

나는 아동 발달 프로젝트Child Development Project에서 학급을 공동체로 묘사하는 것이 마음에 든다. 그들은 학급을 이렇게 본다. "학급은 구속과 위협보다는 돌봄과 신뢰가 강조되는 곳, 화합과 자부심(목적과 그 성취에 대한)이 중요하게 여겨지는 곳, 그리고 각자가 원하는 것이 무엇인지 물어보고 도와주며 친절함·공정함·책임감이라는 이상과 가치를 실현하도록 영감을 주는 곳이다. 그런 학습 공동체에서는 학생 한 사람 한 사람이 자신감, 다른 사람들과의 유대감 그리고 자율성에 대한 욕구를 충족시키는 것을 추구한다. 학생들은 인간의 이런 기본 가치들을 접하게 될 뿐 아니라, 그것들에 대해 생각하고 토론하고 실행할 많은 기회들을 통해서 다른 사람을 이해하고 공감하는 경험을 쌓게 된다."

- Child Development Project. "Ways We Want Our Class to Be: Class Meetings That Build Commitment to Kindness and Learning." Oakland, CA: Developmental Studies Center, 1996.
  딱딱한 규칙들을 만들어 내는 대신에 이 프로젝트는 "우리의 교실이 어떤 모습이기를 바라는가?", 그리고 "어떻게 하면 그렇게 될 수 있을까?"에 대해 토론하자고 제안한다.
- Chuang Tzu. *The Way of Chuang Tzu*. N.p., n.d.
- Clark, Edward T. Jr. *Designing and Implementing An Integrated Curriculum*. Brandon, VT: Holistic Education Press, 1977.
  클라크는 기능적인 언어 능력을 주장한다. "졸업하는 모든 학생들이 개인이자 공동체의 일원인 세계 시민으로서 필요한 소양을 갖출 수 있도록 교사와 학생이 협조한다."(p. 51) "기능적인 교육이란 미래에 대한 개인적·집단적 비전을 의식적으로 그리고 신중하게 그려낼 수 있는 능력과 그 비전을 실현할 수 있는 기능을 포함하는 것이어야 한다."(p. 52) 생명계에서 작용하는 원칙들에 대해 논하면서, 클라크는 이렇게 말한다. "상호 의존이 생명계의 제1 원칙이라는 사실이 복잡하고 유기적인 자연의 조직망에서 명확히 나타나고 있다. 상호 의존은 자연의 한 시스템을 이루는 단위 개체들 사이에서 그리고 완전한 전체의 일부인 그 시스템들 사이에서 작용한다."(p. 100) "상호 의존은 모든 사회·경제·정치적 성공의 바탕이라고 인정되는 보편적 특성이다. 상호 의존이 무엇을 뜻하는지 어린 시절에 이해해 두면, 그 사람은 학습의 전이transfer of learning를 통해 사실상 거의 무제한으로 이 개념을 활용할 수 있다."(p. 101)

- Clark, Kenneth. *Dark Ghetto*. New York: Harper & Row, 1965.

- Combs, Arthur W. "Seeing is Believing." ASCD Annual Conference Address, 1958.

- Covaleskie, John, F. "Discipline and Morality: Beyond Rules and Consequences." *Educational Forum*, 1992. vol. 56, 173-183.
달라이 라마는 "젊은이들에게 규칙에 복종하는 것만을 가르치는 교육은, 그것이 비록 합법적이고 정당하다 해도, 그들과 사회 전체를 망치는 것이다."라고 말했다. 대체로 인문학적 소양만을 다루는 교육과 더불어, 우리는 다양한 교육 제도 안에서 공부하고 있는 젊은 세대의 마음속에 더 많은 이타주의와 배려하는 정신과 책임감을 심어 줄 필요가 있다. 이 일에 반드시 종교를 개입시킬 필요는 없다. 따라서 이것을 '세속 윤리'라고 부를 수도 있는데, 실제로 그것은 따뜻한 마음, 연민, 진지함과 솔직함 같은 인간의 기본 품성들로 이루어져 있기 때문이다.

- Deci, E. L., and Richard Ryan. *Intrinsic Motivation and Self-Determination in Human Behavior*. New York: Plenum, 1985.
보상이란 단지 "유혹해서 통제하는 것"일 따름이다.
- Dennison, George. *The Lives of Children*. New York: Random House, 1969.
- DeVries, Rheta, and Betty Zan. *Moral Classroom, Moral Children: Creating a Constructivist Atmosphere in Early Education*. New York: Teachers College Press, 1994.
이 책에서 저자는 아이들이 능동적으로 도덕에 대한 깨달음에 이르러야 한다고 말한다.
- Eisler, Riane. *The Power of Partnership*. Novato, CA: New World Library, 2002.
2003년 노틸러스 어워드 수상 작품
- Eisler, Riane. *Tomorrow's Children*. Boulder, CO: Westview, 2000.
공동 협력과 지배 체제 모델에 관한 그녀의 연구를 교육에 적용한

책으로, *Futures Studies*에 의해 미래에 관한 가장 중요한 책 열 권 중 한 권으로 선정되었다.

- Ellis, Albert, and Robert A. Harper. *A Guide to Rational Living*. Hollywood, CA: Wilshire Book Co., 1961.
- Farber, Jerry. *Student as Nigger*. New York: Paperback Books, 1970.
- Gatto, John Taylor. *A Different Kind of Teacher*. Berkeley, CA: Berkeley Hills Books, 2001.
- Gardner, Herb. *A Thousand Clowns*. New York: Random House, 1962.
- Glazer, Steven, ed. *The Heart of Learning: Spirituality in Education*. New York: Putnam, 1999.
- Grammer, Kathy and Red Grammer. "Teaching Peace." Smilin' Atcha Music, ASCAP, 1986.
- Hampden-Turner, Charles. *Radical Man*. Cambridge, MA: Schenkman Pub. Co., 1970.
- Howe, Ruell. *Miracle of Dialogue*. New York: Pittman Publishing Corp., 1964.
- Illich, Ivan. N.r., n.p., n.d.
- Katz, Michael. *The Irony of Early School Reform: Educational Innovation in Mid-Nineteenth Century Massachusetts*. Cambridge: Harvard University Press, 1968.

- Kelly, Earl C. *In Defence of Youth*. Englewood Cliffs, N. J.: Prentice-Hall, 1962.
- Kohl, Herbert. *The Open Classroom*. New York: Vintage Books, 1969.
- Kohn, Alfie. *Beyond Discipline: From Compliance to Community*. Alexandria, VA: Association for Supervision and Curriculum Development, 1996.

  "윤리적 성숙이란 원칙과 돌봄, 어떻게 행동해야 하는지에 대한 지식, 그리고 타인에 대한 관심이 어우러진 것이다."(p. 29) "상을 주는 것은 벌을 주는 것과 마찬가지로 단지 누군가의 행위를 조종하는 것일 따름이다. 그것들은 아이가 진실로 친절하거나 남을 배려하는 사람이 되는 데에는 아무 도움도 되지 못한다."(p. 34) "우리가 학생들의 행동을 더 많이 '조종'하고 우리가 시키는 대로 하게 만들려고 할수록 그들이 스스로 생각하고 다른 사람들을 배려하는 도덕적으로 성숙한 사람들이 되기가 더 어려워진다는 사실을 직시할 필요가 있다."(p. 62) "내가 교실이나 학교를 '공동체'라고 부르는 것은, 학생들이 자신은 보살핌을 받고 있다고 느낄 수 있고 또 서로를 보살피도록 격려를 받는 곳이라는 뜻으로 하는 말이다."(p. 101)

- Kohn, Alfie. *Punished by Rewards*. New York: Houghton-Mifflin, 1993.
- Lantieri, Linda, and Janet Patti. *Waging Peace in Our Schools*. Boston: Beacon Press, 1996.

"우리 사회는 '교육받은 사람'이라는 말이 무엇을 뜻하는지에 대해 새롭게 생각해 볼 필요가 있다. 우린 이제 더는 아이들 삶의 정서적 바탕을 외면하거나, 아이들은 느낌과 상관없이 배울 수 있으리라는 가정을 할 수가 없다. 자신의 감정을 잘 다루고 갈등을 해결하고 편견을 없애는 능력들이 기본적이고 필요한 기술이라는 점을 인정하고, 그 기술들을 배울 수 있고 또 배워야 한다는 것을 인정하는 교육적 비전이 우리에겐 필요하다."(p. 3) "우리는 새로운 교육 모델을 믿는데, 거기에는 다문화적 관점에 입각한 사회적·정서적 배움이 포함된다. 이 모델에서 학교는 다원주의적 공동체 안에서 이루어지는 민주적 과정에 한 시민으로서 참가하는, 돌보고 배려하는 개인이 되도록 도와준다."(p. 7)

- Mager, Robert. *Preparing Instructional Objectives.* Palo Alto, CA: Fearon Publishers, 1962.

- Marshall, Max S. *Teaching Without Grades.* Corvallis: Oregon State University, 1968.

- Miller, George A. "Psychology as a Means of Promoting Human Welfare." *American Psychologist,* December 1969, vol. 24, no. 12. "오늘날 우리 세계가 당면한 가장 시급한 문제는 우리 스스로가 만들어 놓은 문제들이다. 그것들은 무관심하거나 악의에 찬 자연에 의해 야기된 것도 아니고, 신의 의지에 따라 우리에게 내려진 형벌도 아니다. 그것은 인간의 문제이며, 그것을 해결하려면 우리의 행동과 우리의 사회 제도를 스스로 변화시킬 필요가 있다."

- Orr, David W. *Earth in Mind: On Education, Environment, and the Human Prospect.* Washington, D.C.: Island Press, n.d.

  "오늘이 지구의 전형적인 날이라면, 우리는 오늘 하루에 116평방 마일의 열대 우림 지역을, 즉 1초에 약 1에이커(약 3,000평)를 잃을 것이다. 또 72평방 마일(약 184평방 킬로)이 사막으로 변해 갈 것이다. 인간의 관리 소홀과 인구 과잉의 결과이다. 또 40에서 250종의 생물들이 멸종될 것이다. 이것이 교육을 받지 못한 무지한 사람들의 소행이 아니라는 점에 주목할 필요가 있다. 오히려, 그것은 주로 문학사, 이학사, 경영관리학자, 박사 학위를 가진 사람들이 하고 있는 일의 결과이다."

- Piaget, Jean. *The Moral Judgement of the Child.* New York: Free Press, 1965.

  "도덕적 자율성은 외부로부터 오는 어떤 압력과도 무관하게 독립적으로 어떤 이념을 필수적인 것이라고 생각할 수 있을 때 뚜렷해진다."

- Postman, Neil, and Charles Weingartner. *Teaching as a Subversive Activity.* New York: Vintage Books, 1996.

- Prather, Hugh. *Notes to Myself: My Struggle to Become a Person.* Lafayette, CA: Real People Press, 1970.

- Raths, Louis E., Merrill Harmin, and Sidney B. Simon. *Values and Teaching.* Columbus, Ohio: Charles E. Merrill Pub. Co., 1966.

- Rogers, Carl R. "Some Elements of Effective Interpersonal

Communication." From speech given at California Institute of Technology, Pasadena, CA, Nov. 9, 1964.

- Rogers, Carl R. "The Interpersonal Relationship in the Facilitation of Learning." in *Humanizing Education: The Person in the Process*. Robert R. Leeper. Washington D.C.: Association for Supervision & Curriculum Development, National Education Association, 1967.
- Rogers, Carl R. "What Psychology Has to Offer Teacher Education." in *Mental Health and Teacher Education*. Dubuque, Iowa: William C. Brown Co., Inc. Fourth–Six Yearbook, 1967.
- Rosenthal, Robert, and Lenore Jacobson. *Pygmalion in the Classroom: Teacher Expectation and Pupil's Intellectual Ability*. New York: Holt, Rinehart & Winston, 1968.
- Sax, Saville, and Sandra Hollander. *Reality Games*. New York: Macmillan Co., 1971.
- Silberman, Charles. *Crisis in the Classroom*. New York: Random House, 1970.
- Tolstoy, Leo. *Tolstoy on Education*. Translated by Leo Weiner. Chicago: University of Chicago Press, 1967.
- Vallet, Robert. *The Remediation of Learning Disabilities*. Belmont, CA: Fearon Publishers, 1967.
- Vallet, Robert. *Programming Learning Disabilities*. Belmont, CA:

Fearon Publishers, 1969.
- Van Witson, Betty. *Perceptual Learning Disabilities.* New York:
- (Columbia) Teachers College Press, 1967.
- Whitehead, Alfred North. *The Aims of Education.* New York: Free Press, 1957.

"교육을 위한 주제는 단 하나뿐인데, 그건 삶이다. 그 삶이 어떤 형태로 나타나든."

- Willis, Mariaemma, and Victoria Kindle Hodson. *Discover Your Learning Style.* Rocklin, CA: Prima Publishing, 1999.

"…… 어떤 식으로든 자신에게 가장 잘 맞는 방식으로 공부하도록 놓아둘 때 학생들은 어김없이 더 높은 수준의 판단력이 길러졌다."(p. 154)

- Zahn-Waxler, C., M. Radke-Yarrow, E. Wagner, and M. Chapman. "Development of Concern for Others," *Developmental Psychology.* 1992. 28, 127, 135.

"두 살 정도밖에 안 된 어린아이들도 (a) 다른 사람들의 신체적·심리적 상태에 대한 인지 능력, (b) 다른 사람들의 상태를 정서적으로 경험할 수 있는 능력, 그리고 (c) 다른 사람들의 불편한 마음을 달래기 위해 할 수 있는 행동 목록을 가지고 있다. 우리는 이것들을, 다른 사람이 힘들어할 때 그것을 염려하는 어린이들의 돌봄 행동을 밑받침하는 능력이라고 믿는다. 어린아이들은 단지 두려움에서 비롯했거나 아니면 그저 부모의 명령에 반응하는 것만은 아닌 도덕적 내면화의 패턴을 보여 준다. 어린이들은 아주 어릴 때부터 다른 사람들과 연결하고 의존하는 모습뿐 아니라 다른 사람들에 대해 책임을 느끼는 모습도 보인다.

- 닐 포스트먼, 『교육의 종말The End of Education : *Redefining the Value of School*』, 차동춘 옮김, 문예출판사, 1999.

  "우리는 학교 교육의 질을 하룻밤 사이에 향상시킬 수도 있다. 말하자면 수학 교사가 미술을 가르치게 하고, 미술 교사가 과학을, 과학 교사가 영어를 가르치게 해 보는 것이다. 내가 생각하는 이유는 이런 것이다. 대부분의 교사들, 특히 고등학교 교사와 대학 학부 교수들은 학교에서 자기가 좋아하고 잘하는 과목들을 가르친다. 그들에게 그 과목은 쉽기도 하고 재미도 있다. 그 결과 그들은 그 과목을 잘하지 못하거나 관심이 없는 사람들 혹은 그 둘 다인 사람들에게 그 과목이 어떻게 보이는지 이해하지 못하는 것이다."

- 라이앤 아이슬러, 『성배와 칼*The Chalice and the Blade*』, 김경식 옮김, 비채, 2006.

  라이앤 아이슬러는 General Evolution Research Group, 세계 미술과 과학 아카데미 그리고 전 세계의 의식과 영성에 관한 세계위원회의 회원이며, 공동협력연구센터Center for Partnership Studies(www.partnershipway.org)의 회장이다.

- 롤로 메이, 『자아를 잃어버린 현대인*Man's Search for Himself*』, 백상창 옮김, 문예출판사, 2015.

- 미치 앨봄, 『모리와 함께 한 화요일*Tuesdays with Morrie*』, 공경희 옮김,

살림, 2017.
- 에리히 프롬, 『희망의 혁명 The Revolution of Hope』, 김성훈 옮김, 문예출판사, 2023.
- 존 듀이, 『경험과 교육 Experience and Education』, 엄태동 옮김, 박영스토리, 2019.
- 존 홀트, 『아이들은 왜 실패하는가 How Children Fail』, 공양희 옮김, 아침이슬, 2007.
- 칼 로저스, 『학습의 자유 Freedom to Learn』, 연문희 옮김, 시그마프레스, 2011.
- 토마스 고든, 『부모 역할 훈련 Parent Effective Training』, 홍한별 옮김, 양철북, 2021.
- 파울루 프레이리, 『페다고지 Pedagogy of the Oppressed』, 남경태 옮김, 그린비, 2018.

마셜 B. 로젠버그의 추천 도서 중 국내 번역 도서

- 『사탄의 체제와 예수의 비폭력: 지배체제 속의 악령들에 대한 분별과 저항 Engaging the Powers: Discernment and Resistance In a World of Domination』, 월터 윙크 Walter Wink 지음, 한성수 옮김, 한국기독교연구소, 2009.
- 『죽음의 수용소에서 Man's Search for Meaning』, 빅토르 E. 프랑클 지음, 이시형 옮김, 청아출판사, 2020.
- 『휴休 Sabbath, 쉬고 싶지만 쉬지 못하는 사람들을 위하여』, 웨인 멀

러Wayne Muller 지음, 박윤정 옮김, 도솔, 2002.

- 『할아버지의 축복 & 할아버지의 기도My Grandfather's Blessing: Stories of Strength, Refuge, and Belonging』, 레이첼 나오미 레멘Rachel Naomi Remen 지음, 류해욱 옮김, 문예출판사, 2006.
- 『성배와 칼The Chalice & the Blade—여성의 관점으로 본 인류의 역사, 인류의 미래』, 라이앤 아이슬러Riane Eisler 지음, 김경식 옮김, 비채, 2006.
- 『너와 나I and Thou』, 마르틴 부버Martin Buber, 대한기독교서회, 2000.
- 『페다고지Pedagogy of the Oppressed』, 파울루 프레이리Paulo Freire 지음, 남경태 역, 그린비, 2018.
- 『자유로부터의 도피Escape from Freedom』, 에리히 프롬Erich Fromm 지음, 김석희 옮김, 후머니스트, 2020.
- 『사랑의 기술The Art of Loving』, 에리히 프롬Erich Fromm 지음, 황문수 역, 문예출판사, 2019.
- 『아이는 왜 실패하는가How Children Fail』, 존 홀트John Holt 지음, 공양희 역, 아침이슬, 2007.
- 『마음의 숲을 거닐다A Path with Heart: A Guide through the Perils and Promises of Spiritual Life』, 잭 콘필드Jack Kornfield 지음, 이현철 역, 한언, 2006.
- 『존재의 심리학Toward a Psychology of Being』, 에이브러햄 매슬로Abraham Maslow 지음, 정태현/노현정 역, 문예출판사, 2005.
- 『간디 자서전』, 함석헌 옮김, 한길사, 2002.

부록

스카프넥 자유학교에서 배운다

스카프넥 자유학교에서 배운다[01]

수라 하트[02], 마리안 괴틀린

마리안 괴틀린이 들려주는 이야기

"우리는 학생들에게 NVC 프로세스를 가르치지 않는다. 그들과의 관계 속에서 NVC 의식으로 살아가려고 한다."

'스카프넥 자유학교'는 자녀들이 다니는 학교의 권위주의적 구조에 불만을 가진 학부모 몇 사람과의 대화에서 시작되었다. 거의 온종일 조용히 책상 앞에 앉아 선생님 수업을 듣고 숙제를 해 오는 것이 중학

---

01 NVC 정신을 기반으로 학교를 시작하여 성공적으로 운영하고 있는 실례를 번역 소개한다. 설립자 마리안 괴틀린Marianne Götlin은 1998년부터 스웨덴 스톡홀름에서 교사 생활을 시작했고, 1990년에 처음으로 NVC를 접한 후 계속해서 배우고 연마했다. 1998년에 국제 비폭력대화센터CNVC 인증지도자가 되었고, 같은 해에 뜻이 맞는 학부모·교사들과 함께 NVC 정신에 바탕을 둔 스카프넥 자유학교Skarpnäcks Free School, www.skolande.se를 스톡홀름에 설립하여 지금까지 큰 보람과 기쁨을 느끼면서 운영하고 있다. 학교 현장에서 NVC를 나누려는 사람들을 위해 해마다 다양한 워크숍을 열고 있다.
나는 마셜 로젠버그가 스위스와 독일에서 주재한 국제심화교육IIT에서 동료 트레이너로 함께 일하면서 마리안을 알게 되었고, 그 후 가까운 친구가 되었다. 그리고 언젠가 한국에서 교사들과 함께 일할 날이 오기를 꿈꾸고 있다.—옮긴이

02 CNVC 인증지도자, 『내 아이를 살리는 비폭력대화』(아시아코치센터, 2009) 저자.

교 1학년 아이들에게 당연한 일로 생각되었으니까. 스웨덴의 교사들은 자기 학급이 얼마나 조용하고 학생들을 책상 앞에 얼마나 잘 붙잡아 두고 있느냐로 평가되는 경우가 많다. 이러한 학교 시스템에서 교사들은 천편일률적인 학습과 암기 그리고 수동적인 문제 풀이에 초점을 맞추게 한다.

그래서 부모들은 자녀를 위해 다른 종류의 학교를 원했다. 그들이 원하는 학교는 민주주의 원칙과 서로를 존중하는 연민 어린 상호작용에 바탕을 둔 학교, 자녀들이 좀 더 활동적으로 배우고 자유롭게 자신을 표현할 수 있는 학교였다. 나는 그 부모들 중 몇 사람에게 NVC 프로세스를 가르친 적이 있었다. 그리고 그들이 나에게 NVC 원칙에 입각해서 설립된 학교를 시작하는데 도와줄 수 있겠느냐고 제안했을 때, 난 초등학교 교사로 일하고 있었다. 나는 "예스!"라고 대답한 그 순간부터 지금에 이르기까지 내 여정에 매혹되어 힘을 얻고 있다.

스카프넥 학교는 1998년 가을에 6~9세 아이들 24명과 4명의 교사와 함께 시작했다. 그리고 4년 후엔 6~13세 아이들 63명과 교사 9명으로 늘어났다. 우리는 규모만 커진 것이 아니었다. 더 중요한 것은 연민과 존중 그리고 신뢰 면에서 더 많은 성장을 했다는 점이다.

우리는 아이들에게 공식적으로 NVC를 가르치겠다고 말하지 않았고, 연민을 가르치겠다고 말하지도 않았다. 중요한 것은 NVC 의식으로 사는 것이라는 데에 우리 교사들은 동의했다. NVC 의식으로 산다는 것은 학교에서 아이들의 말에 귀 기울이고, 아이들의 욕구와 어른들의 욕구를 동등하게 돌보는 것이다. 다시 말해, 우리 모두의 욕구를 충족하고, 우리가 즐길 수 있는 방식으로 주고받는 학교 환경을 만들어 내는 데 초점을 맞추는 것이다.

우리 교사들은 이런 방식으로 함께 존재하는 것이, 이렇게 서로 주고받는 것이 인간에게는 자연스러운 일이라고 믿는다. 마셜 로젠버그는 우리의 자연스러운 언어인 NVC에 대해 말하면서, "자연스러운 것과 습관적인 것을 혼동하지 말라."라는 간디의 말을 종종 인용한다. 아이들의 가정 교육과 학교 교육에서 '습관적인 것'이란 어른들이 지시하고 아이들이 그것에 복종하기를 기대하는 것을 뜻하는 터라, 우리가 아이들과 함께 다른 방식으로 살고 싶다는 것을 믿게 하려면 어느 정도 시간이 필요하다는 사실을 우리는 알고 있었다. 우리는 우리 학교 안에 이런 신뢰의 분위기가 확립되었다는 것, 방법과 기술을 가르치기에 앞서 우리가 NVC 의식으로 살아가고 있다는 것을 확신하고 싶었다.

학교 시작 첫날부터, 우리 교사들은 아이들과 관계에서 말과 행동으로 NVC 프로세스의 모델을 보이는 데 최선을 다했다. 서로의 말에 귀 기울이는 것, 강요가 아닌 부탁이 우리에게는 매우 중요했다. 우리는 학교 밖으로 나가 자연과 우리가 사는 마을을 자주 접하는 것, 활동적으로 학습하는 것을 가치 있게 여겼다. 우리는 아이들에게 제공할 재미있는 프로젝트를 많이 준비하고 있었다. 그러나 그들에게 무엇을 강요하거나 강제로 밀어붙일 생각은 전혀 없었다. 아이들이 스스로 동의할 수 있는 것, 스스로 생각하기에 삶에 도움이 되는 것만

하기를 바랐다. 우리가 처음부터 이런 말을 아이들에게 자주 했기 때문에, 선택하라는 우리의 부탁을 들은 아이들이 무척 행복해 하리라고 기대했다. 그러나 우리는 학생들이 보이는 다양한 반응에 놀랐고, 그 덕분에 우리는 학교 설립 첫해에 많은 경험을 할 수 있었다.

그해에 우리 교사들은 우리의 부탁에 아이들이 세 가지 다른 방식으로 반응한다는 사실을 알았다. 세 그룹은 크기가 거의 비슷했다. 약 8명 정도의 첫 번째 그룹은 주로 가장 어린 학생들로서, 상호성과 존중이라는 우리의 가치를 집에서 나누는 부모 밑에서 자란 아이들이었다. 그 아이들은 선택을 해야 할 때 대체로 편안하게 하는 것 같았다. 그들은 그해에 가장 잘 협력하고 가장 창조적인 학생들이었다. 나이가 좀 더 많은 아이들도 두세 명 이 그룹에 있었는데, 그 학생들은 우리의 부탁이나 욕구 돌보기가 전에 다니던 학교에서 교사들이 강요하던 방식과 어떻게 다른지 잘 인식하고 있었다.

두 번째 그룹은 우리 부탁에 당황할 때가 좀 더 많았다. 우리가 그들에게 그냥 "해야만 해."라고 하지 않고 "할 의향이 있니?"라고 물었을 때, 그 학생들 이마에 주름이 잡히는 것을 보았다. 예컨대, 우리는 숙제를 내준 적은 한 번도 없지만 하고 안 하고를 아이들이 선택할 수 있는 과제를 가끔 제시한 적은 있는데, 그러면 주어진 숙제를 하는데 익숙한 몇몇 아이는 "저에게 숙제를 해야 한다고 말해 주세요."라고 말하곤 했다. 그때 우리 교사들은 그런 말을 하는 것이 불편하며, 또 우리는 그들이 선택하는 것을 배우기를 몹시 원한다는 사실을 말해 주었다. 다시 말해, 그들이 무엇을 배우기를 원하는지 그리고 그것을 어떻게 배우기를 원하는지 선택하는 것을. 우리는 아이들이 어떤 사실이나 개념을 배우는 것보다는 그들의 삶에 도움이 되는 선택을 하는 능력을 배우는 게 훨씬 더 중요했다. 또 그 두 가지 선택은 서로 반대가 아니라는 확신도 있었다. 실제로 우리는 그들이 더 많은 선택을 할수록 더 많은 것을 배우게 되리라고 믿었다.

첫해에 교사들에게 가장 많이 도전했던 것은 세 번째 그룹 학생들이었다. 이 그룹 학생들의 대부분은 우리가 부탁하면 "제가 그걸 해야만 하나요?"라고 대꾸했다. 수학 문제를 풀라는 부탁이건 밖에 나가 운동을 하고 재미있게 놀라는 부탁이건 간에 그랬다. 처음에는 그런 반응에 깜짝 놀랐다. 우리는 그런 말을 들을 때마다, "너희에게 뭔가를 강제로 시키고 싶지는 않다. 다만 너희가 즐거운 마음으로 할 수 있을 때에만 우리의 부탁을 들어주기 바란다."라고 설명했다. 또 우리가 부탁한 것에 대해 "싫어요!"라고 거부하더라도 우리가 기어이 그 일을 하게끔 만들 거라는 아이들의 두려움에 공감해 주었다. 과거에 어른들이 그 아이들을 대체로 그런 식으로 다루었기 때문에 그들이 우리를 신뢰하지 못하고 있다는 것을 이해했다. "제가 해야 돼요?"라는 아이들의 질문을 그들이 자기네 방식으로 우리를 시험하는 것, 우리는 그들의 신뢰를 얻어야 한다는 것으로 보았다. 그리고 이 아이들에게서 신뢰를 얻기 위해서는 많은 시간이 필요하리라는 점을 알고 있었음에도 우리는 자주 좌절했고, 또 몇 달이 지나도 여전히 우리를 계속해서 시험하고 있어서 낙심하기까지 했다.

그 아이들이 우리의 의도를 정말로 신뢰하는 데 시간이 얼마나 걸

릴까 궁금했다. 그들의 의문과 우리의 좌절은 그 첫해 내내 계속되었다. 그리고 그 우려하는 마음으로 2년째를 맞았다. '이제는 우리를 신뢰하겠지.' 하는 희망과 함께. 아이들이 뭔가 달라졌다는 것을 곧 알아챘지만, 우리는 다시 한 번 놀랐다. 우리가 부탁을 할 때마다 이 그룹 학생들은 "싫어요!" 하거나, "저, 그거 안 할래요." 또는 "저한테 뭘 하라고 시킬 수는 없을걸요."와 같은 반응을 보이기 시작했다. 그들의 의혹이 강한 저항으로 바뀐 것 같았다. 정말 이해할 수 없었다. '왜일까? 우리가 한 무엇이 그들로 하여금 그렇게 강하게 저항하게 만들었을까.'라는 고민에 빠졌다. 우리를 더 신뢰하는 게 아니라 첫해보다 덜 신뢰하는 것 같았다.

우리는 그들의 "싫어요!" 뒤에 있는 욕구에 귀 기울이려고 최선을 다했다. 그 노력의 결과, 그들의 저항이 점점 누그러지면서 자기들이 전에 배운 것을 버리는 쪽으로 한발 크게 나아가는 것을 보게 되었다. 그들은 첫해에는 자신들을 아무 힘도 없는 존재로 보았다. 그들은 우리에게 의심을 품었다. 과거에 교사들이 그랬던 것처럼 우리도 사실은 자기들에게 뭔가를 시키려고 하는 건 아닌가 하고 경계를 했던 것이다. 2년째에는 그들은, "싫어요. 선생님이 하라는 대로 하진 않을 거예요."라고 말함으로써 우리를 시험할 뿐 아니라 자신들의 힘도 시험하고 있었던 것이다. 우리 교사들은 아이들이 자신들의 힘으로 옮겨가고 있음을 축하하기 시작했다. 아이들은 선택할 수 있는 자신의 힘을 시험하는 중이었고, 그것을 존중받을 수 있을지 알고 싶어 하고 있었다. 우리는 오직 아이들이 자유롭게 "싫어요!"라고 말할 수 있을 때에만 진정으로 "좋아요!"라고 말할 수 있다는 것을 알고 있었기 때문이다.

이렇게 학생들을 잘 이해하고 있다고 해도, 그들의 "싫어요!"를 언제나 존중하고 또 그들이 무엇을 원하고 있는가에 귀 기울이기란 결코 쉬운 일이 아니었다. 우리 학교에서는 마을이나 자연으로 나가 공부하도록 하는 일이 많았다. 22명으로 구성된 한 그룹을 숲으로 데려가려고 준비하고 있는데 두 학생이 가지 않겠다고 한다면 우리는 무엇을 할 수 있을까? 이런 일은 자주 발생했다. 대부분의 경우, 나는 그들이 원하는 것에 귀를 기울이고 스스로 선택하고 싶어 하는 그들의 욕구에 공감해 준다. 또 나의 느낌과 욕구도 그들과 나눈다.

"다른 아이들과 함께 숲으로 가지 않고 학교에 남고 싶다고 너희가 말하는 것을 들으니 어떻게 해야 좋을지 모르겠구나. 난 너희가 자기 삶을 가장 멋지게 만들어 줄 것을 선택하기를 바라. 또 너희가 우리와 함께했으면 하는 마음도 있어. 또 나는 다른 아이들과 함께 곧 숲으로 가고 싶기도 해. 너희들만 남겨 두고 갈 수도 없고……. 어떻게 하면 우리 모두의 욕구를 충족할 수 있을지 확신이 안 서는구나. 어떻게 하면 좋을지 의견 있니?"

이렇게 많은 대화를 하다 보면 아이들이 우리와 함께 가겠다고 결심할 때가 있다. 어떻게 해야 모두가 학교에서 수업하는 데 기여할 수 있는지 이해하게 되기 때문이었다.

만약 학생이 여전히 가지 않겠다고 한다면, 나는 그 학생이 학교에 남아 함께 있을 수 있는 다른 그룹을 찾아보려고 한다. 때로는 부모에게 연락해 그 아이를 데려가라고 해 볼 수도 있다. 그러나 아이가 계속 가고 싶어 하지 않는데 아무런 방법도 찾을 수 없을 경우에 나는 이렇게 말한다.

"너만의 선택을 하려고 하는 너의 욕구를 지금 당장 충족할 방법도, 또 이 야외 활동에서 모든 아이들과 함께하려는 나의 욕구도 같이 충족할 방법을 찾지 못해서 몹시 난감하다. 지금은 우리랑 같이 갔으면 좋겠는데, 어떠니?"

내 기억으로는 첫해에 우리가 아이의 의지를 거슬러 억지로 움직이게 했던 일이 두어 번 있었다. 처벌하려고 그런 것이 아니라, 우리가 돌보는 아이들을 보호할 다른 방법을 전혀 알지 못했기 때문이었.

우리가 학생들과 함께하는 NVC를 말로 설명하기는 쉽지 않다. 그 대화에 어떤 형식이 있기는 하지만 간단한 해결 방법을 약속하는 단순한 공식을 따르는 것이 아니기 때문이다. 그 대화는 멈추었다가 다시 시작하면서 흐트러지기도 한다. 그러나 이런 대화에 기꺼이 머물고자 하는 우리의 마음은 이 프로세스의 결과를 여러 번 되풀이해서 즐기게 됨에 따라 점점 더 강해졌다. 힘을 사용해 학생을 지배하는 옛날 방식에 굴복하는 대신, 우리가 대화를 계속하면서 자신의 욕구와 학생들의 욕구에 계속 연결될 때마다 우리 모두의 욕구를 충족할 수 있는 방법을 확실히 찾아갈 수 있었다.

점점 탄탄해진 우리의 믿음과 동기가 큰 도움이 되었다. 이 세 번째 그룹의 학생들이 우리의 해결 방법이 진실한 부탁이라는 것을 확인하고, 우리가 자기들의 "싫어요!" 뒤에 있는 "좋아요!"를 들으려고 한다는 믿음을 갖는 데에는 꼬박 또 한 해가 걸렸다. 그것은 우리 교사들에게 대화하는 방법을 연습할 기회를 많이 준 의미 있는 한 해였다. 결과는 세 번째 해가 끝나 갈 무렵 우리의 학교 공동체가 서로에 대한 신뢰로 충만했다는 것이다. 그 신뢰는 한 번으로 끝나는 것이 아니라 지속적인 돌봄과 관심을 요구하는 것이라는 사실을 이제는 이해한다.

예컨대, 3년째가 끝나 갈 무렵 6세반인 우리 학급에서 아이들이 지금까지 배운 것을 버릴 때의 패턴이 반복되는 것을 보았다. 단 1년 안에 학급 전체가 "해야 돼요?"라는 질문 대신에 "싫어요!"라고 말하게 되었고, 학년 말에는 자기들의 욕구를 우리가 돌본다는 신뢰를 가지고 교사들의 부탁에 두려움 없이 반응한다는 것을 알게 되었다. 그것이 부탁 뒤에 있는 진정한 동기를 듣기보다는 강요하기 일쑤였던 관계에서 배운 것을 버리는 과정임을 우리는 알 수 있었다.

도전과 학습

2002~2003학년도에 신입생 10명과 새로운 교사 2명이 우리와 합류했다. 학교가 지속적으로 성장하면서 우리의 핵심 철학을 지켜 나가는 데 강한 도전을 받았다. 스카프넥 학교를 시작한 부모들은 NVC 프로세스와 삶에 기여하는 학교라는 비전에 열성적이었다. 그 후 우리 학교에서 아이들이 어떻게 꽃피어나는지 알게 된 더 많은 가족이 우리와 합류했다. 그러나 그중에는 NVC와 우리의 교육 철학에 대해서 잘 모르는 가족이 적지 않다. 우리는 해마다 부모들을 위

한 NVC 훈련을 제공하고 있으며, 원하는 사람은 누구나 참여할 수 있는 기회를 마련하기 위해서 1년 내내 NVC 훈련을 제공할 계획도 세우고 있다. 이 일은 우리에게도 큰 도전이다. 우리 학부모들도 대부분의 다른 부모들처럼 바쁘고 스트레스가 많은 삶을 살고 있으며, 학교에 대해 우리만큼 굳건한 비전을 갖고 있지 않은 사람도 많기 때문이다. 따라서 교사들이 비전을 견지하고 그것을 나눌 더 많은 방법을 찾아서 우리 학교 가족들과 늘 원활히 소통하는 것이 매우 중요하다.

우리가 직면한 가장 큰 도전은 새로운 방식으로 가르치고 배우는 시간, 그리고 관계를 증진하는 시간이다. 우리는 부모들과 더 많이 연결할 수 있는 시간을 원하며, 낡은 수업 패턴을 버리면서 겪는 개인적 어려움과 우리의 철학에 대해서 교사로서 함께 대화하는 시간도 더 많이 가지기를 바란다. 우리는 서로 지원할 방법을 더 많이 찾기를 원한다. 그리고 학교 운영에 학생들을 더 많이 참여시키기를 바란다. 우리가 이 일들을 어떻게 하고 그것이 우리를 어디로 데려갈지 확실히 말할 수 없지만, 나는 우리가 지금껏 배우고 성취해 온 것만으로도 희망을 가지고 용기를 얻는다.

우리는 권위적으로 하도록 '배운 것을 버리고' 있다. 이 일은 생각보다 훨씬 더 어렵다. 학생들과 진정한 동료가 된다 함은 우리 목소리가 교실에서 들을 수 있는 단 하나 또는 가장 중요한 목소리가 아니라 그냥 하나의 목소리라는 것을 뜻한다. 우리는 자기 관점을 강요하지 않으면서 교실에서 자기 자리를 찾는 법을 배우고 있다. 우리는 더 많은 시간을 귀 기울여 듣고, 말은 더 적게 하고 있다.

우리의 비전이 워낙 크고 변화를 가져오는 데에는 시간이 걸리기 때문에, 작은 성공들을 그때그때 같이 축하하는 것이 아주 중요하다는 점을 깨달았다. 지금은 우리 스태프 회의 때마다 정기적으로 한다. 아이들과도 같이 축하를 한다. 학교 밖 모임에 참석해 다른 학교에서 온 교사들과 만나고 돌아오면, 우리가 지금 가진 것을 다시금 되새기고 축하한다.

우리 중 계속 교사로 남아 있는 사람들은 인내하는 법을 배웠고, NVC 프로세스에 대한 신뢰가 더 커졌다. 처음 시작했던 교사 네 명 중 두 명은 그 이듬해에 그만두었다. 저마다 개인 사정이 있었지만, 한 가지 공통된 이유는 자기가 원하는 만큼 빠른 성과가 보이지 않는다는 것이었다. 그래서 새로운 교사를 채용할 때에는 우리의 비전을 공유하고 이를 이루기 위해 열정으로 노력할 것인지, NVC 훈련을 중요하게 생각하고 바라는지, 인내심을 가지고 기꺼이 그 과정에 참여할 마음이 있는지, 그리고 창조적 혼란을 마음 편히 받아들일 수 있는지를 중요하게 보고 있다.

성과

우리 학교의 기초를 마련하는 데에는 강한 의지와 많은 노력, 인내 그리고 시간이 필요했다. 그리고 4년이 지난 지금 우리는 점점 더 서로의 삶에 기여하는 방식으로 살아가고 있는 것을 축하할 수 있게 되었다. 다음과 같은 관찰을 통해 그 점을 확인할 수 있다.

- 대부분의 아이들은 학교에 일찍 등교해 늦게까지 남아 있으며, 학교에 있는 것이 행복하다고 말한다. 모든 연령층의 아이들이, 그리고 남자아이와 여자아이들이 쉽게 한데 어울려 논다.

- 우리가 먼저 마음을 열어 보인 이후로 학생들 사이의 갈등이 극적으로 줄어들었다. 그래서 이제 교사들은 갈등을 해소하는 데 시간을 거의 소비하지 않는다. 갈등이 생기면 대부분의 경우 아이들끼리 처리한다. 나는 이것이 서로 간에 느끼는 신뢰와 안전 그리고 교사들이 NVC 프로세스를 사용하여 보여 준 갈등 해결 방법 덕분이라고 믿는다.

- 학생들은 상대방이 하는 행동이 마음에 들지 않을 때 에두르지 않고 서로 말해 주는 모습을 점점 더 자주 보이고 있다. 쌍방이 그 말을 기꺼이 받아들일 수 있고, 대화를 통해 모두가 만족할 만한 결과를 얻게 되리라는 확신을 가지고서.

- 우리는 아이들의 저항에 부딪히는 일이 거의 없다. 우리가 그들의 "싫어요!"에 귀를 기울이고 그들의 욕구를 듣고 싶어 하리라는 점을 아이들이 잘 알기 때문이다. 학생들은 이제 우리가 지배를 위한 힘을 사용해 그들에게 무언가를 강요하지 않으리라는 신뢰감을 가지고 있다. 비록 항상 그런 것은 아니지만.

- 최근 9~11세 학생들을 대상으로 한 읽기, 수학, 영어 표준학력 고사에서 우리 학생들은 모두 그 나이에 기대되는 수준이거나 그 이상을 해 냈다. 교사들로서는 놀랄 일이 아니지만, 부모들은 크게 안심했다. 부모들은 자기 아이들이 재미있게 놀면서도 과목을 잘 배울 수 있을지 의아해했던 것이다.

- 학생들은 요즘 NVC 프로세스를 배우고 있고, 우리 교사들은 지금 그것을 가르치는 일로 행복하다. 그것을 하나의 공식이나 기술로서가 아니라 정말로 삶에 기여하는, 더 나아가 우리의 공동체를 풍요롭게 해 주는 프로세스로서 배우게 되리라는 사실을 믿으면서.

삶에 기여하는 학교를 키우는 것은 힘든 일이지만 한편으로는 매우 보람 있는 일이기도 하다. 모두의 욕구를 충족하고자 하는 우리의 변함없는 의지로부터, 우리가 그토록 애정을 가지고 돌본 신뢰의 씨앗으로부터 무엇이 꽃피었는가를 볼 때, 나 자신의 너무도 많은 욕구와 꿈들이 충족된 것에 기쁨을 느낀다. 아이들의 생기 넘치는 마음과 애정 어린 가슴을 보호할 수 있어서 기쁘고, 우리의 학교 공동체를 돌볼 수 있어서 기쁘고, 서로가 배울 수 있어서, 그리고 우리가 연민의 마음을 가지고 평화로운 세상을 창조할 수 있다는 희망을 가질 수 있어서 정말 기쁘다.

참고 도서

- 라이앤 아이슬러, 『성배와 칼—여성의 관점으로 본 인류의 역사, 인류의 미래』, 김경식 옮김, 비채.
- 마셜 B. 로젠버그, 『비폭력대화—일상에서 쓰는 평화의 언어, 삶의 언어』, 캐서린 한 옮김, 한국NVC센터.
- 마셜 B. 로젠버그, 『삶을 풍요롭게 하는 교육』, 캐서린 한 옮김, 한국NVC센터.
- Eisler, Riane. *Tomorow's Children: A blueprint for Partnership Education in the 21th Century,* Boulder, CO: Westview Press.
- Kohn, Alfie. *Punished by Rewards: The Trouble with Gold Stars, Incentive Plans, A's, praise, and other Bribes,* Boston: Houghton Miffin.